MAGDEBURG

■ Blick vom Fürstenwall auf den gotischen Chor der einst erzbischöflichen Kapelle

99 MAL ENTDECKEN!

MAGDEBURG

mit Sabine Ullrich

mitteldeutscher verlag

99 Entdeckungen

Magdeburg ist ...

... Landeshauptstadt von Sachsen-Anhalt mit Regierungssitz am Domplatz und Ministerien in verschiedenen Stadtteilen. Magdeburg ist Stadt am Fluss, weil die Elbe mitten hindurchfließt, Domstadt mit der gotischen Kathedrale St. Mauritius und Katharina, Universitätsstadt mit einer jungen Universität und dem grünen Campus der Hochschule Magdeburg-Stendal. Ferner ist Magdeburg Handballstadt mit dem SCM, der seit drei Jahrzehnten in der 1. Bundesliga spielt, Ottostadt wegen ihrer Berühmtheiten Otto der Große und Otto von Guericke und Bischofssitz, für die evangelische und für die katholische Kirche. Magdeburg war im frühen Mittelalter Kaiserpfalz, später Hansestadt, in der Reformation Herrgotts Kanzlei, nach dem Dreißigjährigen Krieg preußische Festung und in der Weimarer Republik einzige sozialdemokratisch regierte Großkommune Deutschlands, zum Ende des Zweiten Weltkrieges ein Trümmerhaufen und anschließend Wiederaufbaustadt sowie Stadt des Schwermaschinenbaus.

Magdeburg ist eines der ältesten Industriezentren Deutschlands und dynamische Großstadt. Weiter ist die Landeshauptstadt Partnerstadt von Braunschweig, Harbin, Le Havre, Nashville, Radom, Sarajevo und Saporischschja, ferner Geburtsstadt von Friedrich Wilhelm von Steuben, Georg Philipp Telemann, Henning von Tresckow, Christian Friedel und des Drummers von Tokio Hotel sowie seit über tausend Jahren Ort und Gastgeber für das wohl älteste Volksfest Deutschlands, die Magdeburger Herbstmesse.

Ein Platz für Liebespaare: der Venustempel am Adolf-Mittag-See

Viel Grünes und Buntes im Rotehornpark

Der weitläufige Landschaftspark Rotehorn auf der 200 Hektar
großen Elbinsel ist die größte Parkanlage und die grüne Lunge
der Stadt. Ursächlich hat sein Name nichts mit der Farbe Rot zu
tun, wenngleich eine alte Sage über eine unglückliche Liebe
und ein Mädchen mit korallenrotem Horn berichtet. Schon in
den 1870er-Jahren wurde der Stadtpark durch den städtischen
Gartendirektor Paul Niemeyer angelegt und später erweitert,
immer mit Rücksicht auf die natürliche Auenlandschaft.

Rotehornpark
Heinrich-Heine-Weg
39114 Magdeburg

Im Park tummeln sich alle Altersgruppen zahlreich und häufig
und nutzen die Relax-Zone inmitten der Großstadt auf verschie-
denste Art. Beidseitig der Elbinsel starten Ruderer und Kanuten
von ihren Vereinsstegen und in den Sommermonaten organisieren Schüler und Studenten am Flussufer offene Wiesen-Kon-
zerte und Flunkyball-Turniere. Ein ausgedehnter Spaziergang
am Ufer entlang oder quer durch den Park kommt einer Wan-
derung schon sehr nahe. Wem dies zu
anstrengend ist, der kann auf eines
der vielen Mietfahrzeuge umsteigen
und auf dem Tan- oder Tridem, in der
Rikscha oder auf dem Segway den
Park erkunden. Alternativ lockt eine
Tretbootfahrt auf dem Adolf-Mittag-

**Bedingt durch seine ruhige, unge-
störte Lage bietet der Rotehornpark
gleichzeitig einen Lebensraum für
viele Tiere und ist der heimliche
Wildpark der Stadt.**

See. Ist dies immer noch zu anstrengend, bietet sich der Aus-
sichtsturm an, denn der Fahrstuhl ermöglicht jeder Couch-Pota-
to mühelos einen perfekten Überblick über die Landschaft und
den Fluss.
Sowohl der Turm als auch das benachbarte Pferdetor und die
Theatermasken an den Lichtstelen wurden von Albinmüller

für die Deutsche Theaterausstellung 1927 entworfen. Ebenso entstand die Stadthalle in nur sehr kurzer Bauzeit für dieses Ereignis. Dem Architekten Johannes Göderitz bescherte das massige Bauwerk eine Stelle als Stadtbaurat in Magdeburg. Die kantigen Theatermasken aus Gussstein, die sich wie eine Rosette zusammenfügen, drücken mit einfachen Formen ein Spektrum von unterschiedlichen Gefühlen aus. Sie sind jede für sich einen Versuch wert, die Mimik nachzuahmen. Lachvirus garantiert!

Bedingt durch seine ruhige, ungestörte Lage bietet der Rotehornpark gleichzeitig einen Lebensraum für viele Tiere und ist der heimliche Wildpark der Stadt. Eichhörnchen huschen wirklich bei jedem Spaziergang über die Wege, aber auch Rehe sind häufig zu sehen, Feldhasen und Wildschweinrotten leben hier völlig ungestört wie im Paradies. Mit etwas Glück lässt sich sogar ein Eisvogel beobachten, wenn er in der Tauben Elbe fischt. Gelegentlich nutzen Rehe die angrenzende Sternbrücke für einen Spaziergang in die Stadt und begegnen halb müden Joggern, die im Morgengrauen am Parkplatz unter der Sternbrücke aus ihren Autos krabbeln. Tatsächlich schwimmen sie auch ab und zu durch die Elbe (natürlich das Wild, nicht die Frühsportler). Junge Menschen mögen die Elbwiesen bevorzugt in den Abendstunden. Einige von ihnen suchen den Park auf, um im Unterholz ihr Bewusstsein zu erweitern. Wer hierbei einer Wildsau ins Auge schaut, sollte dies allerdings nicht für einen Tagtraum halten und schleunigst das Weite suchen.

Farbenrausch beim Holifest auf den Stadtparkwiesen ■

Moderne Kunst hinter dicken Mauern

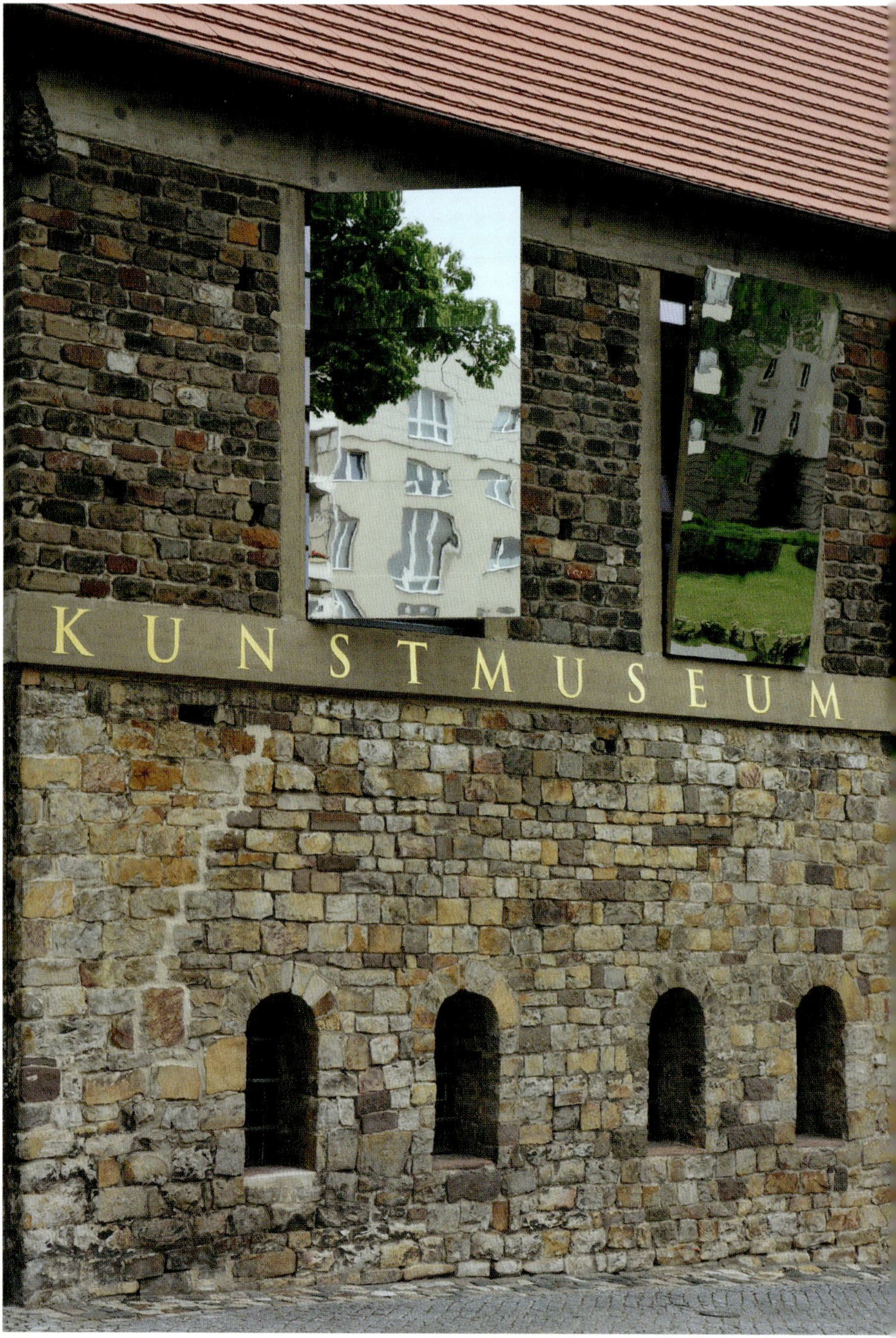

Im Spiegel eine andere Kunstwelt

Zur Freude aller Bewunderer der zeitgenössischen Kunst ist es den Ausstellungsmachern im „Kunstmuseum Kloster Unser Lieben Frauen" gelungen, das mittelalterliche Ambiente aus verwunschenem Kreuzgang und dunklen Gewölben mit zeitgemäßen Kunsträumen zu verknüpfen. Die einmalige Symbiose aus romanischer Architektur und wechselnden Ausstellungen über aktuelles, internationales Kunstschaffen hat eine Aufmerksamkeit erlangt, die weit über die Stadtgrenzen hinausreicht. Das Museum gilt als wichtigster Ausstellungsort für Gegenwartskunst in Sachsen-Anhalt. Im Jahr 2012 vor den Fenstern installierte Spiegel aus dem Kunstprojekt „TransReflex" führen den Besucher ein in die Interaktion von historischer Architektur und Gegenwartskunst, Innenraum und Außenwelt, Einblicken und Ausblicken, Bauwerk und Grünfläche. Die

Kunstmuseum Kloster Unser Lieben Frauen
Regierungsstraße 4–6
39104 Magdeburg
Tel.: 0391 565020
www.kunstmuseummagdeburg.de

Das Museum gilt als wichtigster Ausstellungsort für Gegenwartskunst in Sachsen-Anhalt.

bewegten und in unterschiedlichem Winkel zur Wand ausgerichteten Spiegel schaffen im Außenraum – abhängig vom Licht der Jahreszeit, der Tageszeit, dem Sonnenstand und vom Wetter – wechselnde Ansichten und eine sich ständig verändernde Atmosphäre im Inneren des Kunstmuseums. Abends klappen die Spiegel wie Fensterläden zu und verschließen den Kunstschrein bis zum nächsten Morgen.

1976 begann das Museum mit der Nationalen Sammlung Kleinplastik der DDR, später erweitert zur Nationalen Sammlung Plastik und mit Arbeiten aus der Skulpturensammlung des Kulturhistorischen Museums, die als Dauerausstellung gezeigt werden. Hinzu kommen Neuerwerbungen der internationalen

Gegenwartskunst aus der Zeit nach 1945 sowie seit 2005 auch eine Mediensammlung. Weitere Exponate, etwa 50 Großplastiken, sind im Skulpturenpark rund um das Museum aufgestellt. In der Nähe des Eingangs steht eine Skulptur „Insel der Puppen" der mexikanischen Künstlerin Alicia Paz von 2017. Unter der Dachrinne an der nordwestlichen Gebäudekante hängt ein wilder Bienenstock aus Bronze mit dem Titel „Nest", geschaffen 2006 von Sabrina Hohmann. Und auf der Grünfläche links neben dem Eingang ist eine lebensgroße Figurengruppe (1979/85) von Sabina Grzimek aufgestellt. Ein paar Schritte den Hügel hinab steht vor einer Mauer ein Architekturfragment mit virtuosem Blendmaßwerk einer mittelalterlichen Wallfahrtskapelle. Der museale Außenraum mit weiteren Skulpturen auf den Grünflächen erstreckt sich bis zum Breiten Weg und bis zur Elbe hinab.

Für Liebhaber mittelalterlicher Architektur sind die Klostergebäude mit dem verwunschenen Kreuzgang und seinen schiefen Wänden, dem frühgotisch überformten, romanischen Kirchenraum, der Krypta und der markanten Westturmgruppe ein absolutes Highlight. Besonders charakteristisch sind die zweifarbig gestalteten Arkadenbögen im Langhaus. Seit einigen Jahrzehnten wird die Kirche nur noch als Konzerthalle und Veranstaltungsraum genutzt. Das einstige Prämonstratenserkloster ist sowohl das zentrale Bauwerk der Tourismusroute „Straße der Romanik" als auch das älteste Gebäude in der Stadt. Darüber hinaus besitzt das Museums eine umfangreiche Bibliothek, deren älteste Bestände aus den 1630er-Jahren stammen.

Klösterliche Atmosphäre im Kunstmuseum ▪

■ Mauritius im farbigen Gewand, Nachbildung im Dommuseum Ottonianum

Ein 800-jähriger Afrikaner im Dom

1209 wurde mit dem Bau der Kathedrale St. Mauritius und Katharina begonnen und schon 1520 der letzte Stein auf den Nordturm gesetzt. Ganz schön flott im Vergleich zum Ulmer Münster (1377–1890) oder zum Kölner Dom (1249–1880). Für die Spezies Kunsthistoriker sind die qualitätvolle Ausstattung und die Bauplastik mindestens ebenso faszinierend wie die Architektur an sich. Wer weiß denn schon, dass der älteste in Deutschland verehrte Heilige ein Afrikaner ist und noch dazu aus Magdeburg kommt? Die Integration ausländischer Mitbürger geht auf Kaiser Otto I. zurück. Er wählte den im 3. Jahrhundert vermutlich in Ägypten geborenen, tapferen Anführer der thebäischen Legion als persönlichen Schutzpatron. Mit der Lanze des Heiligen ritt Otto 955 erfolgreich in die Schlacht gegen die Ungarn auf dem Lechfeld bei Augsburg. Dieser Sieg war der entscheidende Schritt auf dem Weg zum späteren Kaisertum. Sowohl die Lanze als auch das Schwert des heiligen Mauritius galten seit dem Mittelalter als Reichskleinodien und werden in der Wiener Schatzkammer verwahrt. Aus Dankbarkeit für den Beistand seines Schutzpatrons ließ Otto zuerst ein Kloster und später einen Dom in Magdeburg bauen und nach ihm benennen. Obwohl Ottos Kirche 1207 in Flammen aufging, hielten die Magdeburger am Patrozinium fest und nahmen Mauritius auch in die gotische Kathedrale mit auf. Hier steht er immer noch, und zwar direkt im Chor. Der Naturalismus der Skulptur ist unglaublich, die afrikanischen Gesichtszüge sind absolut bemerkenswert, die Hautfarbe

Dom zu Magdeburg
Am Dom 1
39104 Magdeburg
Tel.: 0391 5410436
www.magdeburger
dom.de

Dommuseum Ottonianum
Domplatz 15
39104 Magdeburg
Tel.: 0391 99017421
http://dommuseum-ottonianum.de

> Wer weiß denn schon, dass der älteste in Deutschland verehrte Heilige ein Afrikaner ist und noch dazu aus Magdeburg kommt?

ist tiefschwarz. Es kann nur ein Zentral- oder Südafrikaner Modell gestanden haben – und das schon vor fast 800 Jahren, als der schwarze Kontinent von Magdeburg noch so weit entfernt war wie für uns heute der Mond.

Ebenso berühmt ist die Gruppe der törichten und klugen Jungfrauen in der Paradiesvorhalle auf der Nordseite. Dem Bildhauer muss es in den Fingern gekitzelt haben, als er die ausdrucksstarke Mimik der Damen schuf. In den Gesichtern kommen Freude und Trauer in sämtlichen Facetten zum Ausdruck. Zu sehen sind Verzweiflung, lautes Heulen, Wut, beleidigtes Rechtfertigen, aber auch Häme und Mitgefühl, bis hin zu einer Glückseligkeit, die man spontan als beschwipst oder debil beschreiben könnte.
Tipp: An bestimmten Tagen werden Turmführungen angeboten (siehe Nr. 88). Erhebend ist auch ein Gang auf die Empore hinter die Domorgel. Direkt unter dem Kirchengewölbe fühlt man

sich dem lieben Gott wirklich nah. Leider gehört dieser Abstecher nicht zum Standardprogramm. Die wenigsten Dombesucher werden eine Kuriosität bemerken, die sich am Wimperg außen auf der Paradiesvorhalle befindet. Anstelle der üblichen Krabben aus Blütenknospen haben die Dombaumeister Hundeköpfe in Stein gehauen, solche mit großen Schlappohren Marke Beagle oder Weimaraner. Dies als Hommage an den Hütehund, der in einem Mauseloch einen Goldschatz aufspürte. Der Schäfer spendete die Münzen für den Dombau.

Nach oder vor dem Besuch der Kathedrale ist das benachbarte Dommuseum Ottonianum dringend zu empfehlen. Hier wird Geschichte unterhaltsam und abwechslungsreich multimedial vermittelt. Unbedingt besuchen!

Wasserspiele vor der Nordfassade des Doms ▪

Möllenvogtei und Co.

Wo Touristenbusse nicht hinfahren können, beginnt ein Stück Magdeburg, das auf der Liste eines jeden Besuchers stehen sollte. Im Gelände hinter dem Dom sind so viele sehenswerte Details auf engstem Raum versammelt wie an keiner anderen Stelle der Stadt. Der Eingang zu diesem Areal liegt am Domplatz, gleich links neben der Kathedrale, und führt nach rechts um den Domchor herum und durch den Tatarenturm zum Fürstenwall oder geradeaus durch das gotische Stadttor in den Möllenvogteigarten. Im Zwickel dieser beiden Pfade, wo man sich entscheiden muss, ob man nach rechts in den Remtergang einbiegen oder lieber geradeaus und die Treppen hinabgehen möchte, steht das älteste erhaltene Wohnhaus der Stadt. Die ehemalige Domherrenkurie aus dem 16. Jahrhundert ist ein Fachwerkbau und thront rückseitig auf einer Steilmauer. Linkerhand schließt sich ein Hof an, den oben die barocke Neue und unten die mittelalterliche Alte Möllenvogtei begrenzt. Weltliche Amtsgeschäfte überließ der Erzbischof im Mittelalter einem Vogt. Weil in der Nähe der Vogtei eine Mühle stand, setzte sich der Name Möllenvogt durch, der eine örtliche Besonderheit ist. Außerdem gab es in Magdeburg mehrere Vögte, sodass der Name vor Verwechselungen schützte. Die Alte Möllenvogtei beherbergt das „Haus der Romanik", ein Informationszentrum zur Tourismusroute „Straße der Romanik". Weiter geht's durch das gotische Stadttor in den Möllenvogteigarten. Begrenzt von hohen Stadtmauern, mit Springbrunnen, Skulpturen und großen Bäumen ist er ein be-

Haus der Romanik
Domplatz 1 b
39104 Magdeburg
Tel.: 0391 8380222

> Im Gelände hinter dem Dom sind so viele sehenswerte Details auf engstem Raum versammelt wie an keiner anderen Stelle der Stadt.

sonderes städtebauliches Kleinod und ein ruhiger, besinnlicher Ort inmitten der lärmenden Großstadt. Die kopflosen Skulpturen in den Mauernischen sehen nicht ohne Grund so lädiert aus. Sie wurden nach dem Krieg aus Trümmerschutt geborgen. Über dem Möllenvogteigarten ragt die rückseitige Fassade des barocken königlichen Palais empor, in das der Chor der gotischen Palastkapelle St. Gangolphi integriert ist. Abgesehen von einer Maßwerkmauer im Hof des benachbarten Palais ist er der letzte Rest des mittelalterlichen erzbischöflichen Palastes. Auf der gegenüberliegenden Seite führt eine Wendeltreppe zum Fürstenwall hinauf. Um 1725 ließ Festungsgouverneur Fürst Leopold von Anhalt-Dessau den Zwinger zwischen den beiden Stadtmauern mit Erdreich auffüllen. So schuf er einerseits die Promenade mit herrlichem Elbblick und stabilisierte andererseits die Elbuferfront. Von den mittelalterlichen Wehrtürmen, die einst das Flussufer schützen sollten, sind sechs in stark überbauter Form erhalten. Einer ist nur mit präzisem Forscherblick zu erkennen. Er ist Teil der Bruchsteinmauer, die sich an die Alte Möllenvogtei anschließt. In südlicher Richtung mündet der Fürstenwall in die Straße Am Dom, die in vergangenen Jahrhunderten immer nur eine dunkle Gasse gewesen ist, weil genau an dieser Stelle die südliche Stadtmauer verlief. Von den Befestigungswerken, die sich nach Süden erstreckten, ist ein Mix aus mehreren Jahrhunderten mit Turmstumpf am Ende des Fürstenwalls freigelegt. Hier erinnert außerdem ein sog. Frauenort, eine runde Bank mit Eiche, Marone und Baum-Hasel, an die ottonischen Herrscherinnen Editha, Adelheid und Theophanu und ihre Herkunftsländer England, Italien und Byzanz.

Kopflos im Möllenvogteigarten

Sports Walk of Fame

Magdeburg ist Handballstadt, na klar. Denn die hartgesotten- **Sports Walk of Fame**
ten Sportfans gehen treu und mit Abo zum ruppigen Handball Breiter Weg
und grölen sich dort ihre Stimmen heiser. Hierfür werden sie 39114 Magdeburg
von den Handballern mit einer Erfolgsgeschichte belohnt: www.stadtmarketing-magdeburg.de
zehn Mal DDR-Meister, X-mal Pokalsieger, Europapokalsieger,
deutscher Meister, Sieger der Championsleague und so weiter
und so fort. Und weil eine Hand die andere wäscht, hat sich die
Landeshauptstadt nicht lumpen lassen und sich mit dem Bau
der GETEC-Arena an der Berliner Chaussee für die sportlichen
Höchstleistungen angemessen revanchiert. In der größten
Veranstaltungshalle Sachsen-Anhalts
finden alle Heimspiele statt. Alle **Sport ist Teil der Magdeburger**
Handballmannschaften inklusive der **Seele.**
1. Bundesliga tragen wiederum die
Stadtfarben Grün und Rot im Trikot. Gewissenhaft sorgt der SCM
für „nachwachsende Rohstoffe" und trainiert Gladiatoren-Minis
schon im Vorschulalter. Hierbei werden an die ehrenamtlichen
Trainer hohe Anforderungen gestellt, wenn es darum geht, alle
Hampeleien und Zwischenrufe väterlicher Co-Trainer in geord-
nete Bahnen zu lenken und gewinnbringend in die sportliche
Ausbildung der Junioren zu integrieren. Magdeburgs Hand-
balllegende Stefan Kretzschmar konnte vermutlich schon Tore
werfen, bevor er laufen lernte.
Sport ist Teil der Magdeburger Seele. Beim generationsüber-
greifenden Brainstorming zu sportlichen Spitzenleistungen
hat die ältere Generation im Bruchteil einer Sekunde die Rad-
sportlegende Täve Schur, den Schwimmer und Wasserballer Ete
Rademacher vom SC Hellas, den Ruderer Wolfgang Gülden-

pfennig und die Fußballer Jürgen Sparwasser und Martin Hoffmann vom 1. FC ausgespuckt. Die Elbe und die Magdeburger Schwimmhallen leisteten in der jüngeren Vergangenheit ihren Beitrag und brachten Olympiasieger im Kanu, im Ruderboot und in der Badehose hervor. Das erste Hallenbad Europas eröffnete 1831 an der Sternbrücke. 1908 schwamm Petra Gerstung aus Magdeburg den ersten offiziellen Frauenweltrekord. In Magdeburg nahmen Frauen erstmals 1919 mit sechs Wettbewerben an deutschen Meisterschaften teil. 1934 war die Stadt Austragungsort der ersten Schwimm-Europameisterschaften in Deutschland.

Ob Boxen, Rhönrad, Fechten, Basketball oder Ballett, Magdeburgmarathon, Karate, Motorsport, Tennis, Klettern, Football oder Cheerleading, der Breitensport ist vielseitig aufgestellt und treibt in Nischensparten zuweilen überraschende Blüten mit Weltmeistertiteln und Platzierungen bei deutschen Meisterschaften. In der Erfolgsstory belegen die Fußballerinnen vom FFC einen der ersten Plätze. Im Breakdance haben die Da Rookies zwei Weltmeistertitel eingefahren. Die Liste ließe sich noch ewig fortschreiben. Mitten in der City, gegenüber von Karstadt und hinter der Straba-Linie Richtung Norden, verläuft Magdeburgs aufregender „Sports Walk of Fame". Jeweils mit einer bronzenen Gehwegplatte im Kanaldeckelformat ehrt die Landeshauptstadt ihre Spitzensportler.

Magdeburg ist Handballstadt ■

Prester Kirche mit Turmhelm aus Ziegelstein hinter dem Elbdeich

Auenlandschaft vor dem Elbdeich, Lebensraum für Biber und Co.

Elbdeich, Mäuseburg und kleine Vampire

Da die Möglichkeiten zum Waldspaziergang im Magdeburger Umland recht rar sind, weicht der Elbestädter in die Elbauen und besonders gerne auf den Elbdeich aus. Der Blick von hier oben vermittelt ein erhabenes Gefühl, so lange man nicht vor eins der vielen Fahrräder stolpert, die bei schönem Wetter um die Vorherrschaft auf dem schmalen Deichweg ringen. Nichtsdestotrotz ist der Spaziergang auf dem ostelbischen Deich ein Erlebnis, für das es in Richtung Süden in der Prester Kirche einen Kaffee zur Belohnung gibt. Bedient wird der Ausflügler in der alten, denkmalgeschützten Schinkel-Kirche direkt am Deichfuß allerdings nicht mehr vom Pfarrer.

Während große Leute gemütlich an Holztischen vor der Turmfassade sitzen und sich denken, dass die Welt schön sein kann, klettern kleine Leute auf der anderen Deichseite in der alten Weide herum. Ein Insider macht anschließend noch einen Spazierschlenker an der Mäuseburg vorbei, die direkt am Elbufer steht. Dieser zinnenbekrönte, marode Turm markierte viele Jahre lang das Schöpfwerk für das Buckauer Wasserwerk auf der anderen Elbseite.

Der Blick von hier oben vermittelt ein erhabenes Gefühl.

Weil das Flusswasser in unmittelbarer Nähe der Buckauer Industriebetriebe zu stark belastet war, entnahm man es lieber oberhalb und von der gegenüberliegenden Flussseite. In der Dämmerung fliegen Spaziergängern mit etwas Glück Fledermäuse um die Ohren. Und wer ganz, ganz viel Glück hat, kann sogar einen Elbebiber in Ufernähe aufspüren. Abgeknabberte Baumstümpfe hinterlässt er dort jedenfalls zahlreich.

Restaurant „Die Kirche"
Alt Prester 86
39114 Magdeburg
Tel.: 0391 5353352
www.restaurant-die-kirche.de

Exotische Drachenkopfparade beim Drachenbootrennen

Drachenboote kann man hören, bevor man sie sieht

Paddeln mit Trommelwirbel

Die Elbe bietet ideale Möglichkeiten für Wassersportler verschiedenster Couleur bis hin zum Olympiastützpunkt der Kanuten und Ruderer. Jeder, der nicht aus Zucker ist, sollte mindestens ein Mal im Leben am Drachenbootrennen auf dem Salbker See oder im Wissenschaftshafen teilnehmen. Hier versammeln sich alle, die lautstark angefeuert werden möchten, vom schwergewichtigen Politiker in Badehose bis hin zur leckeren Miss Campus. Wer einen großen Freundeskreis hat oder mit seinen Kollegen mal nicht nur zum jährlichen Spargelessen gehen möchte, der melde sich beim Magdeburger Drachenbootfestival (MDF) an. Der Spaßfaktor ist für alle Teilnehmer riesig. Meistens gibt es vor Ort auch noch in letzter Minute Plätze für vereinzelte Quereinsteiger und Lückenfüller. Denn voll besetzt sollte das Boot am Start auf jeden Fall sein. Bei Ambitionen auf einen vorderen Listenplatz ist allerdings zu empfehlen, den gleichmäßigen Einsatz der Paddel im Vorfeld der Regatta mit der Mannschaft schon mal zu proben. Auch sollte sich der Trommler seiner Verantwortung bewusst sein und das Tempo eher auf seine Mannschaft abstimmen, anstatt eine Soloeinlage zum Besten zu geben. Boote samt Bootsführer können stundenweise von verschiedenen Vereinen gemietet werden.

Ist in der kalten Jahreszeit wird indoor trainiert. Hierbei sitzen zwei Mannschaften in einer Schwimmhalle im selben Boot und paddeln, was das Zeug hält gegeneinander. Das Prinzip entspricht ganz simpel dem klassischen Armdrücken.

Jeder, der nicht aus Zucker ist, sollte mindestens ein Mal im Leben am Drachenbootrennen auf dem Salbker See oder im Wissenschaftshafen teilnehmen.

De Machdeburjer
Elbweg 3
39122 Magdeburg
Tel.: 0178 1983773
www.magdeburger-drachenbootfestival.de

Königsgemüse – aber bitte mit Schnitzel!

Jedes Jahr von April bis Juni werden der Stadtmarkt und verkehrsstrategisch günstige Straßenränder von temporären Spargelverkaufsständen okkupiert. Hier profitiert die spargelverwöhnte Landeshauptstadt von der Altmark und dem Jerichower Land und in guten Erntejahren von außergewöhnlich günstigen Kilopreisen. Die weißen Stangen haben eine hervorragende Qualität, sodass sich selbst der europäische Hochadel von den nahe gelegenen Spargelhöfen mit dem Königsgemüse beliefern lässt. Weil in der Magdeburger Börde mit 100 Bodenpunkten die fruchtbarsten Äcker Deutschlands liegen, sind fast alle landwirtschaftlichen Produkte aus dem Umland absolute Spitzenware. Welcher der vielen Spargelbauern jedoch die Crème de la Crème der schlanken Gemüsestangen erntet und wo auf dem Wochenmarkt verkauft, das wissen alteingesessene Feinschmecker ganz genau. Und so stehen sie vor der Stadtsparkasse am Alten Markt geduldig immer wieder vor dem selben Marktstand in der Warteschlange. Spargel satt – also so lange futtern, bis man nicht mehr kann – ist ein saisonales Angebot in manchen Restaurants und Gaststätten. Egal, ob in der traditionellen „All-you-can-eat"-Manier oder als Gaumenschmaus in Gourmetportionen: Bitte nicht mit Schinken! Der Machdeburjer isst Schnitzel zum Spargel und rümpft bei Roh- oder Kochschinken als Beilage die Nase über diese sicher aus dem Westen herübergeschwappte Unsitte.

Wochenmarkt
Alter Markt
39104 Magdeburg

> Die weißen Stangen haben eine hervorragende Qualität, sodass sich selbst der europäische Hochadel von den nahe gelegenen Spargelhöfen mit dem Königsgemüse beliefern lässt.

■ Der mittelalterliche Schöffe Eike von Repgow, Autor des „Sachsenspiegels"

Als Exportschlager in die Welt

Magdeburg, einst eine der größten Städte im mittelalterlichen Reich, besaß ein Stadtrecht, dessen Erfolg einmalig gewesen ist. Über 2.000 Kilometer weit, in über 1.000 Städten und Orten und über einen Zeitraum von 600 Jahren galt das Magdeburger Recht als Garant für bürgerliche Freiheit und Wohlstand. Im 12. Jahrhundert entstanden, regelte es das zivile Leben und die Verwaltung in der Stadt, vor allem Handel und Gewerbe und bot Kaufleuten und reisenden Händlern unternehmerische Sicherheit. Es beseitigte die Sittenhaft und schuf Ansprüche für Witwen, Geschiedene und Kinder. Sein Erfolg machte es attraktiv für neu gegründete und bereits bestehende Städte in Deutschland, Polen, Ungarn, Tschechien, Rumänien, der Slowakei, in Litauen, Lettland, Belarus, Russland und der Ukraine. Dabei fungierte der Magdeburger Schöffenstuhl als juristisches Expertengremium, das gegen eine Gebühr in Zweifelsfällen Rechtsauskunft erteilte und einen Schriftwechsel mit anderen Städten des Magdeburger Rechts führte. Da der Magdeburger Schöffenstuhl im Dreißigjährigen Krieg unterging und vergessen wurde, sind es die Archive der Empfängerstädte, die heute Antworten auf Fragen zur Geschichte des Magdeburger Rechts geben können. Viele ostmitteleuropäische Metropolen, Großstädte, Kleinstädte und Orte, die einst Magdeburger Recht besaßen, sind stolz darauf und nehmen es als Beweis für ihre seit dem Mittelalter tradierte Zugehörigkeit nach Europa. So kennt in Polen und in der Ukraine jedes Schulkind das Magdeburger Recht.

Eike-von-Repgow-Denkmal
Platz des 17. Juni
39112 Magdeburg

Viele ostmitteleuropäische Metropolen, Großstädte, Kleinstädte und Orte, die einst Magdeburger Recht besaßen, sind stolz darauf …

■ Schalom chaverim!

■ Idylle in Moosgrün

Ohne Hut für Männer kein Zutritt

Wo der Israelische Friedhof liegt, ist nicht jedem Elbestädter bekannt. Da die Nationalsozialisten auch die meisten Magdeburger Juden grausam ermorden ließen, war dieser kleine, 1816 eröffnete Gottesacker bis zur Wende eine verwunschene Ruhestätte mit hohem Baumbestand, ungezähmten Efeugewächsen und Nistplätzen für Vogelarten, die in einer Großstadt sonst nicht mehr zu finden sind. Seit die israelische Gemeinde vor Ort wieder wächst, wird der unkontrollierte Grünwucher zurückgedrängt, werden Bäume gefällt und alte Grabsteine gesichert und restauriert.

Israelischer Friedhof
Fermersleber
Weg 40
39112 Magdeburg

Nach den Gesetzen des Judentums ist ein Friedhof ein Haus der Ewigkeit, wo es nicht üblich ist, die Gräber nach einer gewissen Ruhezeit aufzuheben.

Im Mittelalter lag im heutigen Stadtteil Buckau ein jüdischer Begräbnisplatz, der jedoch mit der Judenvertreibung Ende des 15. Jahrhunderts eingeebnet worden ist. Erst Anfang des 19. Jahrhunderts durften sich wieder Juden in Preußen ansiedeln. Vor dem Zweiten Weltkrieg lebte in Magdeburg eine relativ große jüdische Gemeinde. Manche Namen auf den Grabsteinen erinnern an Persönlichkeiten der Stadtgeschichte, so beispielsweise an die Zirkusfamilie Blumenfeld.

Nach den Gesetzen des Judentums ist ein Friedhof ein Haus der Ewigkeit, wo es nicht üblich ist, die Gräber nach einer gewissen Ruhezeit aufzuheben. Deshalb bleiben alle alten Grabsteine erhalten. Anstelle des gewohnten Blumenschmucks findet man hier allerdings hauptsächlich Efeu sowie kleine Steine, die Besucher nach israelischem Brauch auf die Grabsteine legen. Geöffnet ist der kleine Friedhof außer am Sonnabend (Sabbat) regelmäßig. Er ist auf jeden Fall einen Besuch wert.

Touristisches mit Augenzwinkern: Nadja Gröschner im Kostüm

Der „Feuerkäwer" neben der Fußgängerbrücke zum Petriförder

Machdeburjer Orjinaole

Feuerrote Haare und große Hüte sind ihr Markenzeichen! Seit vielen Jahren ist die Chefin der in der Kulturszene einschlägig bekannten Sudenburger „Feuerwache" auch als Fremdenführerin sowohl für Fremde als auch für Eingeborene unterwegs. Mit originellen Stadtführungen bereichert Nadja Gröschner am Tag und in der Nacht die lokale Tourismusszene. Hierbei führt sie die wissbegierigen Besucher ab und zu schon mal zu den legendären, aber nur mündlich tradierten Machdeburjer Orjinaolen, die der Bildhauer Eberhard Rossdeutscher in den 1970er-Jahren an der Wand unterhalb der kleinen Magdalenenkapelle (neben der Fußgängerbrücke zum Petriförder) aufgeknüpft hat. Die leicht zu übersehenden rundlichen Gestalten heißen Blutappelsine, Fliejentutenheinrich, Feuerkäwer, Lusebenecke, Schlackaffe und Affenvaoter. Hinter den Namen verstecken sich ehemals stadtbekannte Erscheinungen aus dem Milieu: eine Marktfrau, die bei Wind und Wetter Blutorangen verkaufte, die so rot leuchteten wie ihre Wangen; ein Verkäufer origineller Fliegenfänger in Tütenform; eine wollüstige, trinkfreudige Rothaarige, die einen Tabakladen betrieb; ein Mann namens Julius Benecke, dem jeder aus dem Weg ging, weil er und sein Hunde Läuse hatten; ein Tippelbruder, der den Elbfischern bei der Arbeit half und dafür als Lohn Fische erhielt, die er sich in seine großen Jackentaschen stopfte und dann verscherbelte; ein Leierkastenmann mit Äffchen.

Feuerwache Magdeburg
Halberstädter Straße 140
39112 Magdeburg
Tel.: 0391 602809
www.feuerwache md.de

Die leicht zu übersehenden rundlichen Gestalten heißen Blutappelsine, Fliejentutenheinrich, Feuerkäwer, Lusebenecke, Schlackaffe und Affenvaoter.

Calenberger Dorfkirche, Landmarke und Orientierungspunkt für Radwanderer

Altwässer um Calenberge: zu Hause bei Milan und Biber

O wie schön ist Calenberge!

Calenberge
39114 Magdeburg
www.calenberge.de
www.steinzeitdorf-
randau.de

In Calenberge riecht es zwar nicht nach Bananen, aber die Landschaft im Urstromtal der Elbe um den stillen, beschaulichen Ort ist mindestens ebenso schön und paradiesisch wie das legendäre Panama. Tiger und Bär haben hier mit Sicherheit ein Sofa aus Plüsch „zu stehen" (wie der Magdeburger sagt). Wer es nicht auf Anhieb findet, kann vorübergehend auf der Bank vor der Dorfkirche Platz nehmen und mit den älteren Damen in Kittelschürze gemütlich über Gott und die Welt plaudern, derweil über den roten Dächern Milane am blauen Himmel ihre Kreise ziehen. Obwohl die Elbe schon seit etwa tausend Jahren in einer Entfernung von ca. drei Kilometern westlich an dem Einstraßendorf vorbeifließt, ist die Landschaft noch deutlich vom Fluss geprägt. Regelmäßiges Hochwasser in früheren Jahrhunderten hinterließ stehende Altwässer, in denen sich ein artenreiches Biotop für seltene Tier-, Insekten- und Pflanzenarten entwickelte. Echte Naturforscher erleiden regelrecht Herzrasen, wenn sie beispielsweise im Schilf eine der vielen Libellenarten aufspüren. Radlfahrer mit Picknickkorb haben die Qual der Wahl angesichts der weiten, idyllischen Natur um Calenberge, den Nachbarort Randau oder im nahe gelegenen Naturschutzgebiet Kreuzhorst. Motto: Natur pur in Ostelbien.

Ganz in der Nähe liegt das kleine Freiluftmuseum Steinzeitdorf-Randau, wo ein 4.500 Jahre junges, rekonstruiertes und 21 Meter langes Pfostenhauses der Schönfelder Kultur bestaunt werden kann.

> **Obwohl die Elbe schon seit etwa tausend Jahren in einer Entfernung von ca. drei Kilometern westlich an dem Einstraßendorf vorbeifließt, ist die Landschaft noch deutlich vom Fluss geprägt.**

■ Nehmen Sie einen Schal mit in die Gondel, zu Messezeiten ist es immer frisch

■ In Magdeburg starten und beenden die Schausteller ihre Saison

Messe ohne Weihrauch und Altarschellen

Was man andernorts als Rummel oder Kirmes kennt, heißt in Magdeburg Messe, und dies schon seit mehr als tausend Jahren. In der Anfangszeit, jährlich zum Festtage des heiligen Mauritius, schritten die Domherren mit den sterblichen Überresten des Dompatrons noch huldvoll um das Domplatzkarree (vermutlich sind sie mehr gestapft als geschritten, denn es soll dort früher oft recht matschig gewesen sein). Mit diesem Zeremoniell eröffneten die ehrwürdigen Herren den Jahrmarkt. Heute geht es in der Regel wesentlich weniger salbungsvoll zu. Auch haben die überlieferten Prügeleien und Raufereien während der Messe seit dem Mittelalter deutlich nachgelassen, zum Glück! Auf ihre historischen Wurzeln und das wohl älteste Volksfest Deutschlands sind die Schausteller aber dennoch recht stolz. Sie tummeln sich turnusgemäß im Frühjahr und im Herbst, nicht mehr auf dem Domplatz, sondern auf dem Kleinen Werder. Ein typisches Gebäck der Messe, das auch auf dem Weihnachtsmarkt feilgeboten wird, ist der Magdeburger Schmalzkuchen. Diese in Fett gebackenen Rauten sind in anderen Regionen als Schmalzgreben, Stritzel, Mutzen, Kreppelchen oder Fasnachtskiechli geläufig, schmecken aber nirgends so prima wie hier. Und obwohl die Magdeburger Messe mit der heiligen Mutter Kirche nun schon sooo lange nichts mehr zu tun hat, soll es dennoch vorgekommen sein, dass angesichts der wunderschönen Aussicht auf die beleuchtete, nächtliche Altstadt aus der obersten Gondel am Riesenrad ein Halleluja entwichen ist.

Magdeburger Frühjahrs- und Herbstmesse

Max-Wille-Platz (Kleiner Stadtmarsch)
39104 Magdeburg
www.volksfeste-magdeburg.de

Ein typisches Gebäck der Messe, das auch auf dem Weihnachtsmarkt feilgeboten wird, ist der Magdeburger Schmalzkuchen.

■ Ein glückliches Schweineleben bis in die Lümmelwurst

■ Herzlich Willkommen im Hofladen (Landwirt Völcke sen.)

Lemsdorf und sein Lümmel

Wo ein Lümmel nicht gescholten, sondern verspeist wird, da liegt Lemsdorf. Zu finden auf halber Strecke von Sudenburg nach Ottersleben. Trotz verflossenem LPG-Zeitalter und neu erstarkter, genossenschaftlich organisierter Landwirtschaft mit riesigem und ertragsintensivem Flächenpotenzial, hält sich in der 90-Grad-Kurve des Lemsdorfer Highways (Achtung: Tempo-30-Zone!) tapfer der letzte innerstädtische Agrarbetrieb. Für alle Großstädter, die ihre vierbeinigen, langohrigen Familienmitglieder nicht mit sterilem, gepresstem Streu und Heu aus dem Baumarkt oder einer Drogeriekette versorgen wollen, gilt Völckes kleiner Familienhof als Geheimtipp. Auch bietet die frischluftverwöhnte, rotwangige Bauernfamilie in einem kleinen Hofladen ihre saisonabhängigen landwirtschaftlichen Produkte sowie deftige Wurstwaren aus eigenem Stall an. In seiner Freizeit stöbert der geschäftstüchtige Juniorbauer auf Dachböden und findet dort Schmorwurstrezepte aus der Vorkriegszeit. Der „Lemsdorfer Lümmel" gilt inzwischen als stadtbekannte Delikatesse und wird in größeren Mengen nur zu besonderen Anlässen und mit ausdrücklicher Genehmigung des Lemsdorfer Heimatvereins produziert und verkauft. Etwa auf dem Magdeburger Weihnachtsmarkt und bei Dorffesten, so der „Lümmelgaudi" in Lemsdorf. Zu der Wurstspezialität gesellen sich inzwischen weitere lukullische Novitäten wie eine rattenscharfe Ingwer-Senf-Tunke für den Lümmel, der Lemsdorfer „Glümmel" Glühwein und die Edelsalami „Lemsdorfer Lulatsch".

Völcke's Hofladen
Blankenburger Straße 6
39118 Magdeburg
Tel.: 0391 6200630
www.voelckes-hofladen.eu
www.lemsdorfer-luemmel.de

> Wo ein Lümmel nicht gescholten, sondern verspeist wird, da liegt Lemsdorf.

Ältestes Magdeburger Hochhaus: Sitz der „Volksstimme"-Lokalredaktion

Keine Straba-Fahrt ohne „Volksstimme"!

Volkes Stimme ist unverzichtbar

Lasst den Intellektuellen doch ihre „Süddeutsche" oder „FAZ", denkt sich der tolerante und weltoffene Magdeburger und liest treu seine „Volksstimme", regelmäßig und gründlich. Somit ist er über alle Ereignisse in der Heimatstadt bestens informiert und hat bei der morgendlichen Tramfahrt schon ausgiebig Gesprächsstoff parat. Wer nur auf seine Wochenmagazine und auf überregionale Tageszeitungen schwört, kann nicht mitreden und wird zweifelsohne nie ein echter Magdeburger sein.

Magdeburger Volksstimme
Bahnhofstraße 17
39104 Magdeburg
Tel.: 0391 59990
www.volksstimme.de

Das basisdemokratisch-journalistische Prinzip der beliebten Pflichtlektüre, jedem ein offenes Ohr zu schenken, dem Ministerpräsidenten nach der Landtagswahl ebenso wie der Lokalprominenz bei der Kochshow im Opernhaus, dem ehrenamtlichen Vorstand des Kleingartenvereins wie dem jubelnden Handball-Fan nach gewonnenem Bundesligaspiel, stimmt uns Elbestädter zufrieden. Die „Volksstimme" startete Ende des 19. Jahrhunderts als Tageszeitung der Sozialdemokratischen Partei im Regierungsbezirk Magdeburg, wurde von den Nationalsozialisten verboten und 1947 neu aufgelegt. Wer mal einen Blick hinter die Kulissen werfen möchte, um eine Druckerpresse in Aktion zu sehen, kann an einer Führung im Druckzentrum Barleben teilnehmen. Die Anmeldung erfolgt online über die Homepage der Zeitung.

Übrigens gehört das Nachrichtenblatt mit seinen 18 Lokalredaktionen, etwa 400.000 Lesern und täglich 145.000 Printausgaben noch immer zu den auflagenstarken Tageszeitungen in Deutschland.

> Wer nur auf seine Wochenmagazine und auf überregionale Tageszeitungen schwört, kann nicht mitreden und wird zweifelsohne nie ein echter Magdeburger sein.

Magdeburg für Anfänger – 12 Grundregeln

Um Missverständnissen vorzubeugen, sollten sich Neuankömmlinge in der Landeshauptstadt mit ein paar Grundregeln des täglichen Miteinanders vertraut machen: 1. Es heißt Magdeburg, die erste Silbe im Staccato gesprochen, nicht Maagdeburg. 2. Sättigungsbeilage ist ein Sammelbegriff für alles, was satt macht, wie Kartoffeln, Pommes, Nudeln, Reis oder Klöße und so. 3. „Ich bin pappesatt!" ist kein Ruf nach einem Verdauungsschnaps. Es bedeutet Vorsicht: „Ich bin stinkwütend." 4. Eine Bördekartoffel ist ein eingemeindeter Ackerbürger, keine Sättigungsbeilage! 5. Das Mittagessen heißt Mittagbrot und ist trotzdem eine warme Mahlzeit. 6. Der Machdeburjer fährt „mit's Rad nach Stadt" und sagt „die Frau", wenn er seine eigene meint. 7. Er wartet „urs" lange und freut sich ganz „dolle". 8. Seine zustimmende Antwort lautet: „Na", und nicht etwa: „Da hast du recht." 9. Wer eine Bratwurst bestellt, erhält gelegentlich etwas, das im wurst- und schinkenverwöhnten Westfalen den Namen Mettwurst trägt. Will sie oder er immer noch eine Bratwurst haben, bitte eine Schmorwurst ordern! 10. Ein Fachgeschäft für Fleischereiwaren heißt Fleischer, Metzger gibt es in der ganzen Stadt keine. 11. Jede fremde Frau ist für Kinder eine Tante, egal ob sie die Nachbarin ist oder Verkäuferin im Supermarkt. Dies geht etwa so: „Komm, sag der Tante Guten Tag!" 12. Die Tanten antworten grundsätzlich liebevoll mit „Na, mein Häschen!", auch wenn die Kleinen schon zwölf Jahre alt und männlich sind und dabei mit den Zähnen knirschen.

Gibst du mir Linda, dann geb' ich dir Sieglinde

Offizielles Pressefoto der Magdeburger Gartenfreunde: älteste Gartenlaube der Stadt

Guerilla-Gardening überflüssig!

Wer Jott vertraut un Bretter klaut, der hat ne billje Laube! In der Elbestadt wird das Kleingartenleben zelebriert wie vermutlich nirgends sonst auf der ganzen weiten Welt. Jedenfalls ist Magdeburg – statistisch belegt! – die Stadt mit den meisten Kleingärten pro Kopf deutschlandweit. In jedem Stadtteil sind diverse Kleingartensparten angesiedelt. Insgesamt umfasst die Sektion der Laubenpieper mehr als 15.000 Gärten auf 700 Hektar. Dies entspricht einer Fläche von ca. 700 Fußballfeldern. Gärtnern ist ein kollektives Hobby und in allen gesellschaftlichen Schichten ein intensiv gepflegter und willkommener Diskurs. Dabei ist es völlig einerlei, ob man mit den Arbeitskollegen die Mittagspause verbringt, in der Schlange vor der Theaterkasse steht oder vor dem Gerichtssaal mit dem Staatsanwalt auf eine Verhandlung wartet. Wer über Bohnenernte oder Tomatenfäule redet, hat sofort viele Zuhörer und ein paar Freunde mehr. Auch leidet der Gartenfreund sichtbar körperlich mit, wenn ihm über den Verlust der Roten Rüben berichtet wird, die von den widerwärtigen Wühlmäusen unterirdisch und heimtückisch abgefressen wurden. Ist die Erntezeit vorbei und die Tauschbörse der Gartenerzeugnisse erfolgreich abgewickelt, werden schon mal Anekdötchen von früher erzählt, als man noch kiloweise Tomatenketchup kochte und mit dem Verkauf von Chaussee-Birnen ein kleines Vermögen verdienen konnte.

Übrigens: Die älteste noch genutzte Gartenlaube Magdeburgs gehört der Sparte „Hoffnung" und stammt aus dem Jahr 1908.

Verband der Gartenfreunde Magdeburg e.V.

An der Steinkuhle 24
39128 Magdeburg
Tel.: 0391 2540284
www.gartenfreunde-md.de

Wer über Bohnenernte oder Tomatenfäule redet, hat sofort viele Zuhörer und ein paar Freunde mehr.

■ Wie riecht denn eine Nikon D7100?

■ Stell dich ordentlich hin, es wird geknipst!

Affenterz um die Villa Hügel

Der Luchs ist das Wappentier des Zoos, im historischen Vogelgesangpark gelegen. Neben dem offiziellen Maskottchen gibt es weitere inoffizielle, die jedes Besucherherz im Sturm erobern. Es sind die putzigen Erdmännchen. Sie rücken in der kalten Jahreszeit unter ihrer Wärmelampe eng zusammen und erweisen ihrem Namen alle Ehre, indem sie unermüdlich Männchen machen.

Zoologischer Garten Magdeburg
Zooallee 1
39124 Magdeburg
Tel.: 0391 280900
www.zoo-magdeburg.de

Drei Jahrzehnte schon investiert die Stadt kräftig und lässt nach dem Motto „Schöner Wohnen im Zoo" eine moderne Zooarchitektur nach der anderen errichten, etwa mit WGs für Nashörner, Affen, Antilopen, Giraffen und Zebras sowie für Elefanten, Weißkehlwarane und Zwergmangusten. Gewaltigen Affenterz löste die Villa Hügel aus, das in die Landschaft eingebettete Primatenhaus. Seit der Eröffnung im Jahr 2000 wurde heftigst über Baumängel gestritten. Indessen kann das runde grasgedeckte Giraffenhaus eine amüsantere Story erzählen, denn es entstand 1991 in nur vier Tagen Bauzeit im Rahmen der ARD-Sendung „Jetzt oder nie".

> Gewaltigen Affenterz löste die Villa Hügel aus, das in die Landschaft eingebettete Primatenhaus.

Wie alle modernen Tierparks ist der Zoologische Garten Magdeburg auch für Naturschutz und Forschung, für Zucht- und Artenschutzprogramme verantwortlich. In der Zucht von Spitzmaulnashörnern und südamerikanischen Krallenäffchen genießt er internationalen Ruf. Seit einiger Zeit werden Zoo-Geburten für jedermann erlebbar mit einer Webcam ins Internet gestellt. Und im weltweit ersten deutsch-englischsprachigen Zookindergarten in unmittelbarer Nachbarschaft wird der Fanclub für die Zukunft herangezüchtet.

Till Eulenspiegel auf der Brunnenspitze am Alten Markt

Die Residenz von Magdeburgs OB

Ein Narr auf dem Rathausplatz

Was Till Eulenspiegel und der Oberbürgermeister gemein haben: Über Till Eulenspiegel berichtet eine Sage, er habe vom Dach des Rathauses aus über die Stadt fliegen wollen. Als sich Jung und Alt auf dem Marktplatz versammelten, um diesem erstaunlichen Schauspiel beizuwohnen, habe Eulenspiegel laut gelacht über so viele Narren und erklärt, ein Mensch könne doch gar nicht fliegen! Ob – und wenn ja wie oft – Magdeburgs Oberbürgermeister angesichts der Narreteien seiner Stadträte und Bürger schon durch die Decke gegangen ist, hat bislang leider kein Chronist aufgeschrieben. Und dies wird auch nicht der Grund gewesen sein, warum die bürgerliche Residenz aus dem ausgehenden 17. Jahrhundert so vorbildlich renoviert wurde.

Eulenspiegel-brunnen
Alter Markt
39104 Magdeburg

Sowohl der Schalk als auch das Stadtoberhaupt verbringen den größten

Während Eulenspiegel in Richtung Rathaus blickt, kann der OB von der Loggia aus zum Narren hinabschauen.

Teil ihrer Zeit am Alten Markt, der eine in seinem Büro im Obergeschoss des Rathauses, der andere vis-à-vis auf der Spitze des Eulenspiegelbrunnens, den der Bildhauer Heinrich Apel entworfen hat. Während Eulenspiegel in Richtung Rathaus blickt, kann der OB von der Loggia aus zum Narren hinabschauen. Wer weiß, vor wie vielen Schildbürgerstreichen dieser Blickkontakt die Stadt schon bewahrt hat.

Umgeben von Helden wie Kaiser Otto und dem Flugpionier Hans Grade ist Till Eulenspiegel auch am früheren Haupteingang in der Mittelachse des Rathauses zu sehen, und zwar im Balanceakt auf dem Dachfirst. Die szenischen Bronzetüren aus den 1960er-Jahren sind ebenfalls ein Werk von Heinrich Apel.

■ Temporärer Kunstsalon im unsanierten Gründerzeithaus in Buckau

■ Urban Art von Max Grimm im Buckauer Engpass

Buckau – das Montmartre von Magdeburg

Wo früher die Schlote rauchten und die Luft die Atemwege verstopfte, liegt die Wiege des Magdeburger Maschinenbaus, der seit Mitte des 19. Jahrhunderts bis zum Wendejahr 1989 das wirtschaftliche Treiben und den Alltag in der Stadt bestimmte. Inzwischen ist es die bunte Mischung aus morbiden Industriebrachen, informellem Kiez, alternativer Kunstszene und partieller Städtebauförderung, die den besonderen Charme des Stadtteils ausmacht. In Buckau kommt fast jeder auf seine Kosten. Für junge Familien gibt es günstige, zentrumsnahe, sanierte Wohnungen und neue Spielplätze, für anspruchslose Mieter unsanierten Wohnraum und für Liebhaber des gehobenen Lifestyles moderne Villen am Elbufer. Buckau ist laut Statistik und wegen der proportional höchsten Geburtenziffer der

Magdeburg-Buckau
39104 Magdeburg
www.buckau.com

Auf Hinterhöfen und in kleinen Läden leben und arbeiten Künstler und finden Kultur-Events statt.

jüngste Magdeburger Stadtteil. Im Kiez kennt man sich, erhält die wichtigsten stadtteilrelevanten Neuigkeiten im Lädchen und hinterlegt dort auch schon mal seinen Wohnungsschlüssel für Freunde. Auf Hinterhöfen und in kleinen Läden leben und arbeiten Künstler und finden Kultur-Events statt. Das Team vom „Thiem 20" leitet am Thiemplatz die städtische Jugendkunstschule in einer umgerüsteten Feuerwache. Auf dem Hof ragt der Turm in die Höhe, in welchem einst die Wasserschläuche der Feuerwehr zum Trocknen hingen. Im sogenannten Buckauer Engpass, der sich als Wurmfortsatz der Schönebecker Straße hinter die Gertraudenkirche schiebt, bieten eine kleine Brauerei und eine Szenekneipe ein gemütliches Wohnzimmer für alle.

Mimen aus Pappe und Holz

Wo seit 1958 die Puppen tanzen, das wissen nicht nur die kleinen, sondern auch viele erwachsene Liebhaber des Magdeburger Puppenspiels genau, denn das Theater bietet kreative Inszenierungen auf hohem künstlerischen Niveau und fertigt die stillen Mimen in eigenem Atelier. Im Gegensatz zu Westdeutschland, wo die Figurenensembles privat wirtschafteten, etablierte sich in der DDR das Puppenspiel mit festen Spielstätten als Sparte der Darstellenden Kunst und wurde staatlich gefördert. Dass das Theater bis heute erfolgreich besteht, ist zum Großteil dem Engagement seiner Mitarbeiter zu verdanken. In einer Spielzeit werden mehr als 500 Vorstellungen geboten und von über 50.000 Zuschauern besucht. Zu biennal veranstalteten Internationalen Figurentheaterfestivals laden der Intendant und seine Mannschaft Künstler aus ganz Europa und der Welt ein.

Neben der Figurenbühne ist in der „villa p." ein Figurenmuseum beheimatet. In der gut gefüllten Ausstellung werden Besucher in die Geschichte des Puppenspiels von der Antike bis zur Gegenwart eingeführt. Das Museum schöpft aus einem Fundus von über 5.000 Theaterpuppen, Filmausschnitten verschiedenster Inszenierungen und zahlreichen Requisiten. Bereits vor der Eröffnung der festen Spielstätte gab es eine Puppenspiel-Tradition in der Stadt, die bis ins beginnende 18. Jahrhundert zurückreicht. Kein Wunder also, dass Walter Oehmichen, der Begründer des wohl berühmtesten deutschen Puppentheaters Augsburger Puppenkiste, 1901 in Magdeburg das Licht der Welt erblickte.

Puppentheater Magdeburg

Warschauer Straße 25
39104 Magdeburg
Tel.: 0391 5403310
www.puppentheater-magdeburg.de

In einer Spielzeit werden mehr als 500 Vorstellungen geboten und von über 50.000 Zuschauern besucht.

■ Allegorie der Kunst, 1894 von Hugo Kaufmann

■ Ein typischer Bewohner der Elbauen

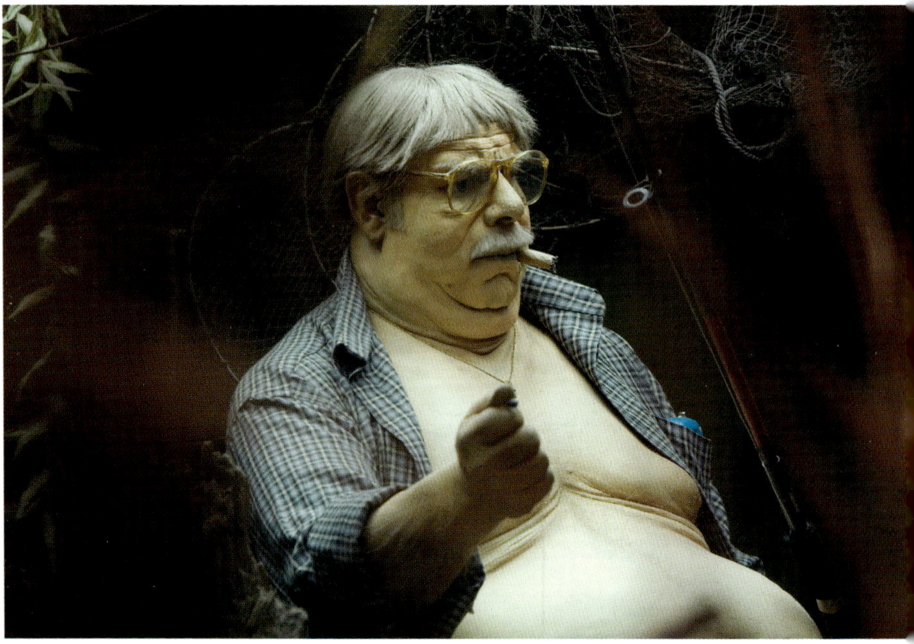

Natur und Kultur im Stadtmuseum

In Magdeburg fallen durchschnittlich etwa 500 Millimeter Niederschlag im Jahr, deutlich wenig als im Rest der Republik. Daher ist das Wetter meistens schön. An den wenigen Regentagen – und natürlich auch sonst – ist das städtische Museum einen Besuch wert. Neben dem Original des Magdeburger Reiters (wohl ein Abbild Kaiser Ottos des Großen), dem monumentalen Wandgemälde im Kaiser-Otto-Saal, wechselnden Ausstellungen und der Abteilung Stadtgeschichte sind griechische Vasen, Möbel, Gemälde und Skulpturen ausgestellt. Einmalig ist die „Megedeborch" im Innenhof des Museums, wo in den Ferien und für Schulklassen seit 25 Jahren ein museumspädagogisches Mitmach-Spiel in der mittelalterlichen Stadt geboten wird. Die Kinder erleben einen Tag mit Schmied, Bäcker, Köchin, Bürgermeister und Erzbischof oder stehen als Stadtwachen hinter den Zinnen. Jede Saison ist regelmäßig innerhalb weniger Stunden ausgebucht. Im selben Gebäude ist das besonders bei den Jüngsten beliebte Naturkundemuseum untergebracht und für eine Überraschung gut. Haben doch die Ausstellungsmacher in den Glasvitrinen zwischen den seltenen Bewohnern der Elbauen auch ein typisches Exemplar der Spezies Homo hamiota eingefangen und zusammen mit ikonografisch aussagekräftigen Attributen wie Bierflasche, Trainingsjacke und Köder konserviert. Darüber hinaus gibt es einen Dachsbau zu erkunden und Elbebiber, einen balzenden Trappenhahn, Elefant, Luchs, Oryx-Antilope und vieles mehr sowie einen Dino aus Sachsen-Anhalt zu erforschen.

An den wenigen Regentagen – und natürlich auch sonst – ist das städtische Museum einen Besuch wert.

Kulturhistorisches Museum
Museum für Naturkunde
Otto-von-Guericke-Straße 68–73
39104 Magdeburg
Tel.: 0391 5403530
www.khm-magdeburg.de
www.naturkundemuseum-magdeburg.de

■ Untersuchungshaftanstalt für „Politische" im Bezirk Magdeburg

■ Historische Realität: Eingang zum Zellentrakt

Stasi-Knast – im Namen des Volkes?

Es ist das Authentische, das berührt und Gänsehaut verursacht. Es sind die winzigen Höfe für den Freigang mit hohen, bedrohlichen Mauern, auf der Mauerkrone mit Gittern abgedeckt. Es ist der unverändert bewahrte Zellentrakt mit gelblich glänzender Wandfarbe, einfachen Pritschen und Überwachungskameras in allen Ecken. Und es ist der über allem thronende Wachturm. Unwillkürlich zieht man den Kopf ein, um in Deckung zu gehen. Begleitet wird das Gruselkabinett des real existierenden Sozialismus von einer modernen, teils interaktiven Ausstellung, die profunde historische Aufklärungsarbeit leistet und umfassend über Menschenrechtsverletzungen während der sowjetischen Besatzungszeit und in der DDR informiert. Sie klärt über Unrecht auf, das Justiz, Deutsche Volkspolizei und das Ministerium für Staatssicherheit (MfS) begangen haben.

Gedenkstätte Moritzplatz
Umfassungsstraße 76
39124 Magdeburg
Eintritt frei

Bereits in den 1870er-Jahren wurde der rote Ziegelbau errichtet, schon damals als Stadtgefängnis und königlich-preußisches Amtsgericht. Er blieb Gefängnis für Strafvollzug und Untersuchungshaft bis 1989. Ab 1958 nutzte das MfS das Arrestgebäude als Untersuchungshaftanstalt für politische Häftlinge im Bezirk Magdeburg. Über 4.000 Menschen saßen in den Zellen ein, weil sie kritische Gedanken zur Politik ihres Staates geäußert hatten oder das Land verlassen wollten. „Grundsätzlich kann von jedem Beschuldigten ein Geständnis erlangt werden", lautet der Titel der Dauerausstellung. Die Gedenkstätte Moritzplatz gehört zur Stiftung Gedenkstätten Sachsen-Anhalt.

> Bereits in den 1870er-Jahren wurde der rote Ziegelbau errichtet, schon damals als Stadtgefängnis und königlich-preußisches Amtsgericht.

Hegelstraße – lauter gute Adressen!

Magdeburgs vornehmste Straße mit aufwendig rekonstruiertem Straßenpflaster verläuft vom Dom aus in südliche Richtung. In der Hegelstraße und ihren Seitenstraßen stehen hohe Gründerzeithäuser, die mit Verschieben der Festungswerke nach Süden und Westen ab den 1880er-Jahren gebaut werden konnten. Viele haben den Zweiten Weltkrieg mit nur geringen Blessuren überstanden. 1994 gewann die Stadt mit der rekonstruierten Hegelstraße eine Sonderpreis im Bundeswettbewerb zum Erhalt von historischem Stadtraum. Neben den schmuckvoll mit Bauplastik behangenen Fassaden sind es vor allem die Foyers und Treppenhäuser, die mit bunten Fußbodenfliesen, gedrechselten oder gusseisernen Treppengeländern, Skulpturen, Stuck und farbiger Wandmalerei imponieren. Besonders schöne Exemplare verstecken sich hinter den Hauseingangstüren der Liebigstraße 10, Sternstraße 29 a und 30 sowie Heydeckstraße 12. In der Hegelstraße 16 prangt über dem superschmalen Treppenaufgang ein illusionistisches Deckenbild mit Putten nach Art barocker Quadraturmalerei. An den Wänden ist mit gemalten Büsten von Erwin von Steinbach, Michelangelo, Andreas Schlüter, Karl Friedrich Schinkel, Friedrich Hitzig, Johann Heinrich Strack und Richard Lucae ein Reigen berühmter Architekten versammelt. Es fehlt nur noch der Bauherr selbst. Weil die genannten Adressen keine öffentlichen Gebäude sind, ist der Besucher auf die Freundlichkeit der Bewohner angewiesen, will er einen Blick ins Treppenhaus erhaschen. Viel Glück beim Fragen!

Hegelstraße
39104 Magdeburg

1994 gewann die Stadt mit der rekonstruierten Hegelstraße eine Sonderpreis im Bundeswettbewerb zum Erhalt von historischem Stadtraum.

■ Ravelin 2 und Doppelkaponniere am Festungsgraben

■ In Friedenszeiten

Die Westfront

Im 18. und 19. Jahrhundert waren die Wohnverhältnisse in Magdeburg miserabel. Es fehlte in den engen Festungsmauern überall an Platz, Licht und Luft. Dies bekam vor allem das Militär zu spüren, denn es gab nur wenige Kasernen. Die Soldaten schliefen bei den Bürgern, oftmals unterm Dach, in zugigen, winzigen und ungeheizten Kammern und nicht selten zu zweit in einem Bett. 1844 beschwerte sich der Kommandant beim Magistrat, die Quartiere in Magdeburg seien so schlecht wie sonst nirgends in der preußischen Monarchie. Erst Ende des 19. Jahrhunderts änderte sich mit dem Rückbau der Festungswerke die fatale Wohnsituation. Außerhalb der Altstadt konnten jetzt Kasernen gebaut werden, oder behelfsmäßig in den Festungswerken. Die Kasematten avancierten zu Notwohnungen für die Magdeburger Bevölkerung und für Geflüchtete während der Weltkriege. An die vergangene Zeit erinnert ein Verein, der im Festungswerk Ravelin 2 in der Westfront in unzählbaren ehrenamtlichen Stunden aufgeräumt, gerodet, saniert, die Zugbrücke über den Festungsgraben wiederhergestellt und mühevoll das Graffiti abgeschrubbt hat. Der Ort wird mit Ausstellungen zur Geschichte der Festung, Führungen, Theater und Veranstaltungen belebt und zu einem touristischen Highlight entwickelt. Zur generationsübergreifend aufgestellten Festungs-Truppe gehört eine Kompanie leidenschaftlicher Living-History-Experten in authentischen Kostümen. Wer sich für lebendige Geschichte interessiert und sich ehrenamtlich engagieren möchte, ist im Verein herzlich willkommen.

Ravelin 2
Maybachstraße 8
39108 Magdeburg
www.ravelin2-magdeburg.de

Der Ort wird mit Ausstellungen zur Geschichte der Festung, Führungen, Theater und Veranstaltungen belebt.

Eine grelle Sensation in Sudenburg

Expressive Fassadenmuster in der Otto-Richter-Straße

Die schrille Straße in Sudenburg

Ein eigenwilliger Ort ist sie schon, die Otto-Richter-Straße, denn sie liegt so weit entfernt von der übrigen urbanen Bebauung, dass man sich bereits außerhalb der Stadtgrenze wähnt und gar nicht mehr damit rechnet, hinter Kleingärten und Gewerbe noch eine Wohnstraße mit beidseitig geschlossener Häuserzeile aus mehrstöckigen Mietskasernen zu finden. Und wenn sich dann auch noch die anfängliche Schockstarre etwas gelöst hat, spürt der interessierte Betrachter Faszination angesichts der irritierenden, farbintensiven Fassaden mit den eigenwilligen Mustern, die allen Sehgewohnheiten widersprechen.

Otto-Richter-Straße
39116 Magdeburg

Als der Magdeburger Mieter-, Bau- und Sparverein die baumlose, enge Straße 1905 bis 1916 bebauen ließ, rechnete er vermutlich noch mit einer weiteren Expansion der Stadt und einem späteren Anschluss an den Stadtteil Sudenburg. Da der Verein die Mieten für seine Mitglieder möglichst niedrig halten wollte, verzichtete er auf aufwendigen Fassadenschmuck. Stattdessen ließ er den schlichten Außenputz 1920/21 nach einem künstlerischen Konzept von Bruno Taut und Carl Krayl kunterbunt bemalen. Die expressionistische Farbfassung ist 1998 rekonstruiert worden. Sie ist ein Beispiel für Bruno Tauts international beachtete Kampagne zum farbigen Bauen in Magdeburg. Dass die Magdeburger damals nicht so recht wussten, was sie von Tauts farbenfrohen Ideen halten sollten, zeigen diverse Spötteleien aus der Zeit. Ein Beispiel lautete: „Heiliger St. Tautian, verschon mein Haus, streich andere an."

> „Heiliger St. Tautian, verschon mein Haus, streich andere an."

Prachtexemplare des Echinocactus grusonii in den Gruson-Gewächshäusern

Echinocact. -

Besuchstipp für Regenwetter: Gruson-Gewächshäuser

Bei Grusons: Kugelkaktus versus Piranha

Magdeburg war vor der politischen Wende in den Ländern des Ostblocks als Stadt des Schwermaschinenbaus berühmt. Dieser Ruf gründete sich auf eine lange Industriegeschichte, die ursprünglich aus dem Maschinenbau für die Landwirtschaft, aus Zucker- und Zichorienverarbeitung hervorgegangen war. Ihr berühmtester Vertreter ist der Industriepionier Hermann August Jacques Gruson (1821–1895), Erfinder des Hartgusses und Nachfahre eingewanderter Hugenotten. Gruson gelang es, den Weltkonzern Krupp mit seinem Unternehmen zu verbinden. In seiner Freizeit frönte der erfolgreiche Fabrikant einer ganz anderen Leidenschaft. Er importierte Kakteen und besaß Ende des 19. Jahrhunderts die größte und reichhaltigste Kakteensammlung Europas. Der 1886 wissenschaftlich beschriebene „Schwiegermutterstuhl" oder „Goldkugelkaktus" trägt in der botanischen Bezeichnung seinen Namen: Echinocactus grusonii. Nach Grusons Tod gingen die Gewächshäuser und die botanische Sammlung in das Eigentum der Stadt über. Sie sind noch immer eine Sehenswürdigkeit mit 4.500 Pflanzenarten. Zwischen Wasserpflanzen und Palmen leben auch einige Reptilien und exotische Fische wie Kaimane, Piranhas, Malawi-Buntbarsche, Pfeilgiftfrösche, Chamäleons und Straußwachteln. Zu der Pflanzensammlung gehört sogar ein Exemplar der Titanwurz, der größten Blume der Welt. Ihr Blütenstand kann bis zu drei Meter hoch werden. Ersetzt man im Namen des Gewächses den Buchstaben „w" durch ein „f", so offenbart sich sein wahrer Charakter: Der Riesenblütler stinkt nämlich nach Verwesung!

Gruson-Gewächshäuser

Schönebecker Straße 129 b
39104 Magdeburg
Tel.: 0391 4042910
www.gruson-gewaechshaeuser.de

Der „Goldkugelkaktus" trägt in der botanischen Bezeichnung seinen Namen: Echinocactus grusonii.

Klassische Zentralperspektive: Pergola neben dem Herrenkrug Parkhotel

Im Herrenkrugpark: eine Bank für Faule

Müßiggang im Herrenkrugpark

Hinter dem „Herrenkrug Parkhotel" steht am Schotterweg eine über 200 Jahre alte Steinbank. Sie trägt die Aufschrift „FÜR FAULE" und ist nach Art einer Récamiere gestaltet. Dieses ausgefallene Parkmöbel schreit geradezu nach einer Meditationspause oder Achtsamkeitsübung im Schatten der ausladenden Baumkronen. Ein Kissen für den Kopf könnte jedoch nicht schaden. Auf Wiesen und neben Rabatten ist noch so einiges denkmalgeschützte Parkinventar versammelt. Ganz in der Nähe wacht ein bronzener Löwe. Mit salbungsvollen Worten wird an dieser Stelle dem Oberbürgermeister August Wilhelm Francke gedacht, auf dessen Initiative die Parkanlage zurückgeht. „Dank Ihm, Der aus dem Kleinen das Große, Der aus dem Schönen das Schönere schuf …" Der Herrenkrugpark am nordöstlichen Elbufer ist im Hinblick auf die

Herrenkrugpark
Herrenkrugstraße
39114 Magdeburg
Endhaltestelle der
Straßenbahnlinie 6

Der Herrenkrugpark am nordöstlichen Elbufer ist im Hinblick auf die Gehölze die bedeutendste Parkanlage der Stadt.

Gehölze die bedeutendste Parkanlage der Stadt. Gartengestalterische Anfänge reichen bis ins 18. Jahrhundert zurück. Im 17. Jahrhundert stand hier ein Wächter- und späteres Gasthaus, das den Magdeburger Ratsherren gehörte. Daher der Name Herrenkrug. Am Elbufer, am Rastplatz neben dem Deich oder im Wiesenpark bieten sich zahlreiche Möglichkeiten, eine Picknickdecke auszubreiten und am Wochenende die Seele baumeln zu lassen. Und die geschotterten Wege eignen sich hervorragend für eine Partie Boule mit Freunden. Wer es gerne etwas exklusiver mag, wird im Restaurant des „Herrenkrug Parkhotels" verwöhnt. Tipp: Werfen Sie noch einen Blick in den Jugendstil-Ballsaal, bevor Sie sich in die Waagerechte begeben.

■ Promenadenkilometer am Schleinufer

■ Kreuzung aus Farfalle und Spirelli oder doch ein Fahnenmonument?

Flanieren im Straßenlärm

Magdeburgs längste Flaniermeile führt in gerader Linie als Elbuferpromenade am Fluss entlang und durch eine permanente Geräuschkulisse, die vom verkehrsreichen Schleinufer herüberschwillt. Doch den Städter stört das nicht. Er nutzt den innerstädtischen Spazierweg zum Schlendern, Joggen, Skaten, Radfahren, Kinderwagenschieben oder zum Ausruhen und Auf-die-Elbe-Schauen. Der Weg am Wasser wurde in den 1970er-Jahren angelegt, weil nach vernichtenden Kriegsschäden in der eng bebauten Stadt hierfür erst jetzt Platz vorhanden war. So verschwand während der Bombardierung Magdeburgs auch ein großer Teil der nordöstlichen Altstadt, der im Volksmund den Namen Knattergebirge oder Klein London trug und als am dichtesten besiedelte Wohngegend in ganz Deutschland galt. Seitlich wird der lange Uferweg von Blumenrabatten, Sitzbänken und verschiedenen Kunstwerken flankiert, deren markantestes die wohlwollend als „große Nudel" titulierte Skulptur von Joachim Sendler ist. Der Platz um die Titanen-Pasta direkt unterhalb der Strombrücke ist seit Jahren informeller Treffpunkt der lokalen Skaterszene. Unmittelbar neben der monumentalen Betonspirale steht das Pegelhäuschen, das den aktuellen Wasserstand der Elbe auf einer elektronischen Tafel ausweist. Sinkt die Wassertiefe auf unter einen Meter, lohnt sich der Gütertransport kaum noch. Die Schiffe können in diesem Fall zu wenig Ladung an Bord nehmen. Normal waren in der Vergangenheit etwa zwei Meter, historischer Tiefstand 45 Zentimeter 2019.

Elbuferpromenade
Schleinufer
39104 Magdeburg

> Der Weg am Wasser wurde in den 1970er-Jahren angelegt, weil nach vernichtenden Kriegsschäden in der eng bebauten Stadt hierfür erst jetzt Platz vorhanden war.

Antikisierende Architektur auf dem Südfriedhof

Eine hundertfünfzigjährige, junge Dame mit heimlichem Verehrer

Stadtgeschichte auf dem Südfriedhof

Als der Südfriedhof 1872 eröffnete, lag er fast zwei Kilometer außerhalb der Stadt. Deshalb wurde recht bald eine Pferdebahn hierherverlegt. Heute halten die Straßenbahnlinien 3 und 9 in Nähe des Eingangs. Wen die morbide Gesellschaft nicht stört, der kann die Grünanlage als Spazierstrecke nutzen und viele schmucke Details entdecken. Beeindruckend ist die große, als Zentralbau in den 1870er-Jahren erbaute Friedhofskapelle mit aufwendig restauriertem Innenraum, Kassettendecke und Tambour mit vier gemalten Evangelisten in den Zwickeln. Ihr Eingang wird von Greifen bewacht. Gleich hinter der Kapelle liegt der Ehrenhain der Magdeburger Bürgermeister. Auch die anderen Grabsteine lesen sich wie ein Who's who der Stadtgeschichte: Gruson, Budenberg, Fahlberg, Zuckschwerdt, Hubbe, Hauswaldt sind Familiennamen Magdeburger Industrieller aus der zweiten Hälfte des 19. Jahrhunderts. Im hinteren Teil des Friedhofs blüht im Frühling eine bezaubernde, weiße Magnolienallee. Und an der straßenseitigen Friedhofsmauer schläft Johanne Auguste Duvigneau. Die Skulptur ist eine Kuriosität, denn es liegen wie von Geisterhand häufig frische Blumen in ihrer Armbeuge. Johanne Auguste, Tochter des Stadtrats und Ehrenbürgers Otto Duvigneau, starb 1873 mit zwölf Jahren an Typhus und wurde nicht hier, sondern in einem Gemeinschaftsgrab mit Cholera-Opfern in der Neustadt beigesetzt. Ihr fast gleichnamiger Bruder Johann August Duvigneau hinterließ als Königlicher Baurat einige große Bauwerke in Magdeburg.

Südfriedhof
Leipziger Straße 47
39112 Magdeburg
Haltestelle Raiffeisenstraße

Wen die morbide Gesellschaft nicht stört, der kann die Grünanlage als Spazierstrecke nutzen und viele schmucke Details entdecken.

Magdeburgs Bullerbü: Kolonie Reform

Alle Haustüren sind zweifarbig grün, rot, gelb, blau, schwarz und weiß gestrichen, die Fassaden orange, gelb und rot verputzt. Wie Orgelpfeifen oder Hühner auf einer Stange, so dicht schmiegen sich die Siedlungshäuschen aneinander. Jedes besitzt eine schmale, supersteile Treppe ins Obergeschoss und eine winzige Küche, dazu einen kleinen Vorgarten und einen handtuchgroßen Nutzgarten hinterm Haus. Für Bäder bleibt kaum Platz. 1909 gründeten Arbeiter des Krupp-Gruson-Werks eine Genossenschaft, um im Sinn der Gartenstadtbewegung bessere Wohnverhältnisse für einfache Familien und eine Alternative zu den weit verbreiteten, düsteren Mietskasernen zu schaffen. Mit dem Einzug in die Reihenhäuschen besserten sich die hygienischen Verhältnisse und somit auch die Gesundheit der Mieter. Seit 1913 arbeitete der Architekt Bruno Taut für die „Gartenstadt-Kolonie Reform". Er befreite den Typus Siedlungshaus von dekorativem Schnickschnack und gestaltete die Fassaden preiswert mit Farbe. Taut wurde anschließend 1921 von Magdeburgs sozialdemokratischem Oberbürgermeister Hermann Beims angeworben und als Stadtbaurat eingesetzt. Doch die Magdeburger Stadträte waren im Bezug auf Architektur zu konservativ, um sich mit den teils utopischen Ideen des Berliners anzufreunden. Weil es ihm zu bunt wurde, verließ Taut die Stadt 1924 wieder. Trotz der nur kurzen Zeit im Amt begründete er den Ruf Magdeburgs als „Bunte Stadt" und hinterließ einen kompetenten Mitarbeiterstab, der seine Ideen fortsetzte.

Gartenstadt-Kolonie Reform

Zur Siedlung Reform (und Nachbarstraßen) 39118 Magdeburg www.gwg-reform.de

Wie Orgelpfeifen oder Hühner auf einer Stange, so dicht schmiegen sich die Siedlungshäuschen aneinander.

Telemanndenkmal hinter dem sanierten Plattenbau an der Regierungsstraße

Telemann – der barocke Stadtmusikus

So wie sich Köthen als Bachstadt preist und Halle sich als Hän-
delstadt vermarktet, ist Magdeburg Telemann … Nein, ist sie
nicht, denn für die öffentlichkeitswirksame Beifügung ist ja bereits Kaiser Otto der Große gebucht. Selbstverständlich wirbt die
Landeshauptstadt trotzdem mit dem bedeutenden Sohn der
Stadt. Auch ließ sie für ihn ein Denkmal errichten, vis-à-vis dem
Portal des „Kunstmuseums Kloster Unser Lieben Frauen". Es
tanzt das zierliche Bronzemännlein mit barocker Lockenpracht
seit vierzig Jahren auf einer schlanken Säule, begleitet von den
vier Temperamenten. Die Arbeit schuf der Bildhauer Eberhard
Rossdeutscher 1981 zum 300. Geburtstag des Komponisten.
Im Gesellschaftshaus am Klosterbergegarten ist zur Erforschung
und Pflege von Werk und Leben des Magdeburger Stadtmusikanten das Telemann-Zentrum eingerichtet. Seit 1962 finden in
regelmäßigem Turnus international
beachtete Telemann-Festtage und
Musikwettbewerbe statt.

Georg Philipp Telemann (1681–1767)
verbrachte seine Kindheit in Magdeburg und erlernte zahlreiche Instrumente, überwiegend autodidaktisch.
Mit zehn Jahren begann das Notengenie zu komponieren, mit
zwölf schuf er seine erste Oper. Weil seine Mutter eine armse-
lige Karriere als Musikus befürchtete, konfiszierte sie alle seine
Instrumente und schickte den Sohn zur Schule nach Zellerfeld.
Doch ohne Erfolg! Mit über 3.600 verzeichneten Werken gehört
das begnadete Musiktalent zu den produktivsten Komponisten
der Musikgeschichte.

**Zentrum für
Telemann-Pflege
und -Forschung**
Schönebecker
Straße 129
39104 Magdeburg
Tel.: 0391 5406755
www.telemann.org

**Im Gesellschaftshaus am Kloster-
bergegarten ist zur Erforschung
und Pflege von Werk und Leben des
Magdeburger Stadtmusikanten das
Telemann-Zentrum eingerichtet.**

■ Sternbrücke von unten

■ Sternbrücke von oben

Das perfekte Magdeburgfoto

Weißt du, wie viel Sternlein stehen? Grund zu dieser Frage könnten die vielen Sterne aus gebürstetem Edelstahl sein, auf denen sich Magdeburger Bürger im Rahmen eines Sponsorenprojektes verewigen ließen. Die Sterne sind an wuchtige Steinstelen montiert und vor der Sternbrücke am Elbufer platziert.

Sternbrücke
39114 Magdeburg

Die Sternbrücke ist ein Pilgerort für Fotografen und der beste Standpunkt für das perfekte Magdeburg-Foto mit Dom, Kloster Unser Lieben Frauen und Elbe. Ebenso ist die Brücke selbst ein beliebtes Fotomotiv. Wer sie passiert, spürt ein Vibrieren unter den Füßen, das sich mit jedem entgegenkommenden Jogger zu einem leichten Schwingen hochschaukelt. Obwohl die Bewegung ein latentes Unwohlsein in der Magengegend hervorruft, ist sie völlig ungefährlich und durch die Brückenkonstruktion verursacht, die den riesigen

Die Sternbrücke ist ein Pilgerort für Fotografen und der beste Standpunkt für das perfekte Magdeburg-Foto.

Koloss wie von Geisterhand zum Schwingen bringt. Pärchen, die ihr Liebesschloss am Brückengeländer anketten, haben keine Garantie für die Ewigkeit. Die Schlösser werden regelmäßig entfernt.

1922 wurde die Brücke erbaut und in den letzten Kriegstagen von Einheiten der deutschen Wehrmacht gesprengt, um US-amerikanische Truppen aufzuhalten. Erst seit 2005, mit spektakulärem Einschwimmen der neuen Stahlkonstruktion, sind Altstadt und Elbinsel an dieser Stelle wieder miteinander verbunden. Ihren Name leitet die Brücke natürlich nicht von den Metallsternen ab, sondern von einem sternförmigen Festungswerk, das nicht erhalten ist.

■ Wo der heilige Norbert zu Grabe getragen wurde

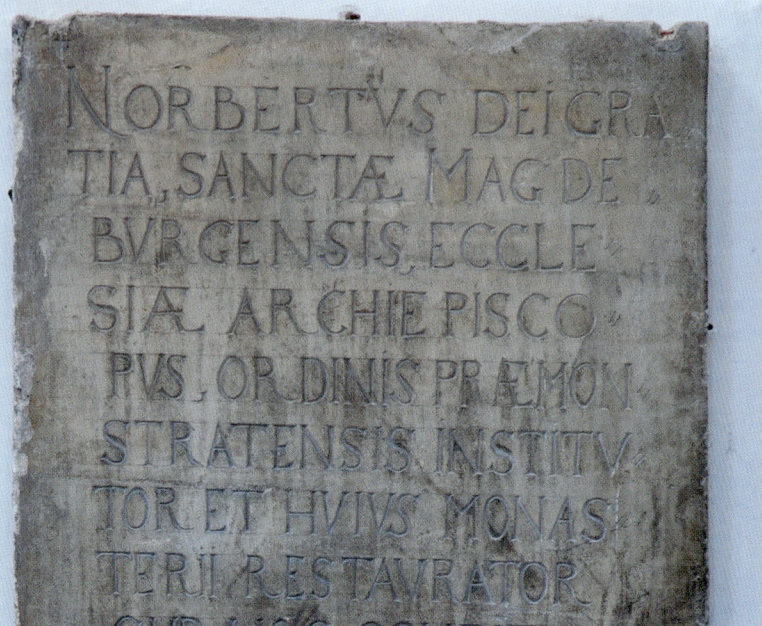

■ In memoriam – hier ruhte der Bistumspatron der katholischen Kirche

NORBERTVS DEI GRA
TIA, SANCTÆ MAG DE
BVRGENSIS, ECCLE
SIÆ ARCHIEPISCO
PVS, ORDINIS PRÆMON
STRATENSIS INSTITV
TOR ET HVIVS MONAS
TERII RESTAVRATOR

Das leere Grab des heiligen Norbert

Meistens wird er Norbert von Xanten genannt, doch könnte er auch Norbert von Magdeburg heißen, der Heilige vom Niederrhein, der 1121 in Frankreich den Orden der Prämonstratenser stiftete, als Diplomat mit Kaiser Lothar III. nach Italien reiste und vor seinem Tod acht Jahre als Erzbischof in Magdeburg wirkte. Von der Malaria dahingerafft, starb er 1134 in Magdeburg und wurde in der Klosterkirche Unser Lieben Frauen beigesetzt. Sein Grab befindet sich immer noch dort und kann gegenüber der Krypta bestaunt werden. Allerdings ist von Norbert weit und breit nichts mehr zu sehen, außer dem Abdruck seines breiten Dickschädels in einem Altarblock der unterirdischen Grablege und einer erst nach seinem Tod im 16. Jahrhundert angefertigten Grabplatte, die im südlichen Querhaus der Kirche steht. Denn 1626 hoben Mitglieder des Ordens die Gebeine des Heiligen aus dem Grab und brachten sie in ihr Kloster Strahov bei Prag in Sicherheit. Dies geschah heimlich und gegen den ausdrücklichen Willen der Magdeburger Bürger, die trotz ihrer protestantischen Gesinnung fest an den Schutz des Erzbischofs glaubten. Dabei soll verhandelt worden sein, die Überreste des Verstorbenen in die Elbestadt zurückzubringen, sollte der katholische Glaube eines Tages wieder Einzug halten. Dies hat er spätestens mit Gründung des katholischen Bistums 1994 auch getan. Doch zurückgekommen ist nur ein Knochensplitter des Heiligen und heutigen Bistumspatrons, eine Reliquie, die nicht in der ehemaligen Klosterkirche, sondern in einer Nische im Chor von St. Sebastian aufbewahrt wird.

Kloster Unser Lieben Frauen
Regierungsstraße 4–6
39104 Magdeburg

> **Von der Malaria dahingerafft, starb er 1134 in Magdeburg und wurde in der Klosterkirche Unser Lieben Frauen beigesetzt.**

Städtebauliche Sünden aus den 1980ern

Leiterstraße
(Ecke Otto-von-Guericke-Straße)
39104 Magdeburg

Wer schon mal auf dem Magdeburger Stadtplan ein Fadenkreuz gezogen hat, um den Mittelpunkt der City zu finden, der landet über den Daumen gepeilt am Westeingang der Leiterstraße. Erst 1989, nach zwölf Jahren Bauzeit und kurz vor der politischen Wende, eröffnete diese Fußgängerzone als vielversprechende sozialistische Einkaufsstraße. Zuvor waren die Reste der historischen Bausubstanz gesprengt oder abgerissen und anschließend neue Gewerbe- und Wohneinheiten in der DDR-typischen Betonplattenbauweise geschaffen worden.

Um die Tristesse der Einheitsfassaden farblich aufzuwerten, beauftragte die Leitung des Baukollektivs Bruno Groth mit der Giebelgestaltung am Westeingang zur Leiterstraße. Der fleißige Künstler fertigte in der Meißener Fabrik für Baukeramik ca. 7.200 kachelähnliche Keramiken in 14 verschiedenen Farbtönen. Anschließend schnitt er die Keramiken zu und setzte sie über mehrere Wochen und unter schwierigen Arbeitsbedingungen im

An einer so großen Fläche hätten sich die verantwortlichen Kulturfunktionäre der SED ein sozialistisches Propagandathema und ganz viel rote Farbe gewünscht.

Magdeburger Beton-Plattenwerk zu geometrischen Mustern in Graublautönen zusammen. Wegen der zurückhaltenden Form erntete der Künstler viel Kritik, denn die Arbeit entsprach nicht dem damaligen Kunstgeschmack. An einer so großen Fläche hätten sich die verantwortlichen Kulturfunktionäre der SED ein sozialistisches Propagandathema und ganz viel rote Farbe gewünscht. Problem bei der Sache: Eine rote Keramikglasur gab es in der ganzen DDR nicht. Sie hätte zuvor für teure Devisen beim Klassenfeind in der BRD eingekauft werden müssen.

■ Herrenkrugbrücke: Magdeburgs „Golden Gate"

■ Lieblingsplatz am Elbufer, versteckter Zugang durch das Unterholz

Lieblingsort Elbe

Gemessen an der Zahl ihrer täglichen Besucher ist die Elbe die Hauptattraktion der Stadt. Sie kann bedrohlich und zahm sein, lockt die Menschen magisch an, nicht nur bei Eisgang, Niedrig- oder Hochwasser, sondern Tag für Tag, wenn morgens die Nebelschwaden über das Wasser ziehen oder abends die Sonne untergeht. Die Elbe ist Poesie, Inspirationsquelle und Entspannung. Jeder freie Platz am Ufer wird über kurz oder lang belegt. Ihre Breite ermöglicht einen Weitblick, den es in einer Stadt ohne Fluss nicht gibt. Dennoch wird die Elbe als selbstverständlich wahrgenommen. Sie war immer da und ist immer noch da. Weil die Magdeburger den vorbeifahrenden Schiffen Zölle abnehmen, mit Flussmühlen Getreide mahlen und über die Elbe Handel treiben konnten, hat sie einst den Wohlstand der Stadt geprägt. Bis heute ist der Fluss ein wichtiger Transportweg für Güter. Ein durchschnittlicher Schubverband auf der Elbe schafft etwa die gleiche Ladung wie 72 Lkw auf der Straße.

Für den touristischen Personenverkehr ist die Weiße Flotte zuständig. Am Petriförder starten Ausflugsschiffe saisonabhängig zu festgelegten Zeiten. Die längste reguläre Rundfahrt dauert etwa vier Stunden und bietet verschiedene Attraktionen der Binnenschifffahrt: mehrere Schleusen, Elbe-Havel-Kanal, Mittellandkanal mit Fahrt durch die Trogbrücke, Schiffshebewerk Rothensee. Schon allein die Trogbrücke gilt als kleine Sensation. Sie führt den Mittellandkanal über die Elbe und ist mit 918 Metern die längste ihrer Art weltweit und die größte Stahlkonstruktion in Europa.

Die Elbe ist Poesie, Inspirationsquelle und Entspannung.

Weiße Flotte Magdeburg
Petriförder 1
39104 Magdeburg
Tel.: 0391 5328891
www.weisseflotte-magdeburg.de

■ Opulente Deckenmalerei im Büro des Ministerpräsidenten

■ Palais am Fürstenwall, Regierungssitz des Landesvaters

Palais am Fürstenwall

Schmuckstück der schönen Hegelstraße ist die noch schönere Staatskanzlei. 1893 vollendete der Architekt Paul Ochs das repräsentative Palais als Dienstsitz und Wohnung für den kommandierenden General des IV. preußischen Armeekorps. Dieses Amt übte von 1903 bis 1911 der spätere Reichspräsident Paul von Hindenburg aus. In der luxuriösen Residenz lag auch eine schmucke Kaisersuite, welche die Monarchenfamilie bei ihren Besuchen in Magdeburg regelmäßig nutzte. In der DDR war die Immobilie als Haus der Deutsch-Sowjetischen Freundschaft und als Erich-Weinert-Haus bekannt. Inzwischen residiert in dem vorbildlich restaurierten Palast der Ministerpräsident von Sachsen-Anhalt. Wer noch nicht für besondere Verdienste einen Orden von ihm verliehen bekommen hat,

Staatskanzlei des Landes Sachsen-Anhalt

Hegelstraße 40–42
39104 Magdeburg
Tel.: 0391 56701
www.stk.sachsen-anhalt.de

> Inzwischen residiert in dem vorbildlich restaurierten Palast der Ministerpräsident von Sachsen-Anhalt.

kennt die noble Adresse in der Regel nur von außen. Ab und an öffnet sich das gut bewachte Portal für eine kleine Schar von Besuchern, die einen Blick ins Innere werfen dürfen. Die Termine werden vorab in der Presse bekannt gegeben und sind im Nu ausgebucht. Denn das historische Interieur mit einer Treppe, die einem Staatsempfang würdig ist, glänzenden Deckenleuchtern, prunkvollem Kachelofen, barockisierender Deckenmalerei und hölzernen Wandvertäfelungen ist die reinste Augenweide. Zudem ist die ältere Dame, die durch das herrliche Ambiente führt, eine ganz eigene Hausmarke und Stimmungskanone. Und – vermutlich haben Sie es schon geahnt – selbstverständlich ist das Palais am Fürstenwall die schönste Staatskanzlei im ganzen Land.

Kleine Hubbrücke über die Hafeneinfahrt

Aus vergangenen Tagen: Speicher im Wissenschaftshafen

Vom Handels- zum Wissenschaftshafen

Rund um das Hafenbecken sind nostalgische Industriearchitektur und stillgelegte Hafentechnik mit innovativen Forschungseinrichtungen vereint. Immer mehr universitätsnahe Institute und Firmen siedeln sich zwischen Lagerhallen und alten Hafenspeichern an. Wer sich durch das ausgedehnte Gelände bewegt, um die museumsreifen Krananlagen zu besuchen, benötigt entweder bequeme Schuhe oder sollte ein Fahrrad mitbringen. Obwohl über Jahrhunderte Waren auf der Elbe verschifft wurden und Magdeburg mit dem Stapelrecht viel Geld verdiente, besaß die Stadt bis zum 19. Jahrhundert keinen Hafen. Die Hubvorrichtungen zum Be- und Entladen der Schiffe standen unmittelbar entlang der Kaimauer direkt am Fluss. 1893 wurde der Magdeburger Handelshafen als größtes Umschlagsunternehmen der Mittelelbe mit seinerzeit modernsten Anlagen eröffnet.

Wissenschaftshafen Magdeburg
Niels-Bohr-Straße,
Werner-Heisenberg-Straße
39106 Magdeburg
Tel.: 0391 5405331
www.wissenschafts
hafen.de

Was gibt es zu sehen? Alte Güterzüge, einen Bockkran Baujahr 1901 zum Be- und Entladen der Waggons, einen

Wer sich durch das ausgedehnte Gelände bewegt, um die museumsreife Hafentechnik zu besuchen, benötigt entweder bequeme Schuhe oder sollte ein Fahrrad mitbringen.

Drehkran mit Ausleger, einen Vollportal-Blocksäulendrehkran von 1964, auch als Hochseehafenkran tauglich, einen Vollportal-Wippdrehkran, seit 1956 im Handelshafen und vorwiegend zum Umschlag von Kies und Baustoffen genutzt, die „Gustav Zeuner" von 1894, der Eimerkettenschwimmbagger „Otter", der Taucherschacht II und last but not least die kleine Hubbrücke von 1893 für die Hafenbahn. Sie ist die älteste Hubbrücke Deutschlands.

Wohnrelikte aus der Festungszeit

Rayonhaus Leipziger Straße 9

Nur in Magdeburg: Rayonhäuser

In Magdeburgs Vergangenheit gibt es diverse Berührungspunkte mit der französischen Kultur. So siedelte der preußische König gezielt Hugenotten an, die als Glaubensflüchtlinge ihr Land verlassen mussten. Auch Magdeburgs Festungsbau übernahm Neues aus Frankreich, vom Festungsbaumeister Sébastien Le Prestre de Vauban. Einzelne Festungswerke tragen daher französische Namen. Das Vorfeld der Festung war in drei Rayons unterteilt, was übersetzt so viel bedeutet wie Radius bzw. Radien. In diesen Bereichen durfte teils gar nicht, teils nur unter strengen Auflagen gebaut werden. Deshalb entstanden noch im 19. Jahrhundert sogenannte Rayonhäuser aus Holzfachwerk, einige davon im Schweizerhausstil mit schmuckvoll dekupierten Zierleisten. Die Gefache zwischen den Holzbalken sind aber nicht wie in früherer Zeit mit Weidenruten und Lehm gefüllt, sondern mit Ziegeln. Im Fall einer Belagerung hätten diese Bauwerke

Rayonhäuser
Leipziger Straße (Sudenburg), Porsestraße, Klosterbergestraße (Buckau) und mehr …

Nur in Magdeburg ist dieser festungsbedingte Bautyp unter dem lokalen Terminus Rayonhaus in einer großen Zahl mit über dreißig Objekten erhalten.

kurzfristig und entschädigungslos abgerissen werden können, um der Verteidigung ein freies Schussfeld zu garantieren. Nur in Magdeburg ist dieser festungsbedingte Bautyp unter dem lokalen Terminus Rayonhaus in einer großen Zahl mit über dreißig Objekten erhalten. Die denkmalgeschützten Fachwerkhäuser stehen überwiegend entlang der früheren Ausfallstraßen.

Info: Magdeburg gilt unter passionierten Festungsfreunden als einst größte und stärkste preußische Festung, eine Superlative, die bei genauerem Nachforschen auch die Städte Mainz, Köln, Koblenz und Königsberg für sich behaupten.

Magdeburg-Highway – die Tangente

Wie häufig und konsequent Magdeburgs einzige Schnellstraße frequentiert wird, ist eine individuelle und geschlechtsspezifische Angelegenheit. Männer fahren grundsätzlich immer Tangente. Frauen weichen hin und wieder auf das Schleinufer aus oder nehmen den direkten Weg durch das Stadtzentrum. Gender-Forschung ahoi!

Magdeburger Ring
westlich der Elbe von Nord nach Süd

In den 1970er-Jahren gebaut, sollte der Magdeburger Ring die neuen Wohngebiete im Norden der Stadt mit den Arbeitsplätzen der großen Industriebetriebe im Süden verbinden. Dieser vierspurige und 15 Kilometer lange Teil der B 71 erweist seinem Namen jedoch keine Ehre, denn er ist mitnichten ein Ring, sondern die zügigste Nord-Süd-Route durch die Stadt. Sie führt von der A 2 zur A 14 und touchiert den historischen Stadtkern an seiner ehemals westlichen Stadtgrenze. Aus diesem Grund ist diese populärste aller Magdeburger Straßen allgemein unter dem Pseudonym Tangente bekannt. Andere Titel führen nur zu Missverständnissen.

> Sie führt von der A 2 zur A 14 und touchiert den historischen Stadtkern an seiner ehemals westlichen Stadtgrenze.

Weil es kaum sinnvolle Wege gibt, die Tangente strategisch zu umfahren, sind über kurz oder lang alle motorisierten Einwohner gezwungenermaßen auf der großen Verkehrsader unterwegs. Früher wurde die Tangente vielfach für spektakuläre Liebesbeweise genutzt und es flatterten regelmäßig weiße Bettlaken mit großen Lettern „Norman, willst du mich heiraten?" oder „Jaqueline, bitte verzeih mir!" von den Brückengeländern über der Straße. 2013 sagte der OB den Fluthelfern auf gleiche Art Dankeschön.

■ Ausgedient, aber beeindruckend: die alte Eisenbahnhubbrücke

■ Lieblingsplatz: die Schaukel unter der Hubbrücke

Ein Stahlkoloss im Ruhestand

Hubbrücke mit Elbschaukel
Kleiner Stadtmarsch
39114 Magdeburg

Stromabwärts hinter der Sternbrücke schwingt sich ein Stahlkoloss über die Elbe. Die Struktur der düsteren Fachwerkträgerkonstruktion übt eine gewisse Faszination aus, fast jeder Besucher mag die Brücke begehen oder zumindest mal fotografieren. Seit 1846 verlief die Strecke nach Potsdam über diese Eisenbahnbrücke, die zuerst 1890 zur Dreh- und 1912 zur Hubbrücke umgebaut wurde. Am stadtseitigen Elbufer lag der alte Bahnhof, an den nur noch ein paar Gleise im Pflaster zwischen den neuen Stadtvillen und ein Geisterbahnsteig erinnern. Das Areal zwischen Stadtmauer und Elbe wurde erst im 19. Jahrhundert aufgeschüttet, um die Eisenbahn am Ufer entlang und durch Tore in die Festung hineinfahren zu lassen. Vor der Stilllegung diente der sogenannte Bahnhof Unterwelt nur noch dem Güterverkehr. Seit Investoren die Industriebrache zu einem modernen Stadtquartier entwickelt haben, erwacht auch die Hubbrücke langsam aus ihrem langjährigen Dornröschenschlaf. Viele Magdeburger haben Holzbohlen für die Hubbrücke gespendet, sodass sie von Fußgängern wieder betreten werden kann.

Viele Magdeburger haben Holzbohlen für die Hubbrücke gespendet, sodass sie von Fußgängern wieder betreten werden kann.

In der Dämmerung und in den Nachtstunden wird das Technikdenkmal zusätzlich durch eine moderne Installation inszeniert. Die Brücke trägt auf beiden Längsseiten eine Leuchtschrift des italienischen Künstlers Maurizio Nannucci. Mit roten und blauen Lettern hat er sich dem Thema Fluss verschrieben und die schlichten, aber überzeugenden Worte gefunden: „VON SO WEIT HER BIS HIERHIN – VON HIER AUS NOCH VIEL WEITER."

Moderner Landtag mit barocker Fassade

Walraves Barockpalais

Weil die Festung Magdeburg fast hundert Jahre nach dem Dreißigjährigen Krieg noch viele Ruinengrundstücke besaß, versprachen der preußische König und sein Festungsgouverneur Fürst Leopold von Anhalt-Dessau Steuerfreiheit und Subventionen für willige Bauherren. In diesem Kontext entstanden Anfang des 18. Jahrhunderts die barocken Palais am Domplatz, die heute überwiegend von der Landesregierung genutzt werden. Das nordwestlichste Palais baute Gerhard Cornelius von Walrave von 1723 bis 1725 mit luxuriöser Innenausstattung. Zweimal wurde es von den Grundmauern bis zum Dach neu aufgebaut, 1911 wegen Baufälligkeit und erneut nach dem Zweiten Weltkrieg. Im Dreiecksgiebel weist der Schriftzug „Freyhaus" darauf hin, dass das Haus immer frei von Grundsteuern sein sollte. Dem gebürtigen Westfalen Walrave gelang eine steile Karriere als preußischer Generalmajor und Festungsbaumeister. Er wurde 1724 vom König geadelt. Ab 1729 unterstanden ihm als Chef des preußischen Ingenieurkorps sämtliche Festungsbauten in Preußen. Außerdem beteiligte sich Walrave an der Elbregulierung und unterhielt ein Lustschloss in Hohenwarthe. Er galt als arrogant, hochnäsig und beratungsresistent, soll sich mit Mätressen vergnügt und zunehmend verschuldet haben. Mit dem Vorwurf, 41.612 Taler unterschlagen zu haben, landete er 1748 als Gefangener in den Kasematten der Sternschanze in Magdeburg. In diesem von ihm selbst erbauten Festungswerk lebte er 25 Jahre bis zu seinem Tod, pflegte Orangenbäumchen und züchtete Tauben.

Freyhaus

Domplatz 9
39104 Magdeburg

Das nordwestlichste Palais baute Gerhard Cornelius von Walrave von 1723 bis 1725 mit luxuriöser Innenausstattung.

101

Die Chorfenster in St. Petri erzählen biblische Geschichten

Kunst und Kirche in St. Petri

Das mittelalterliche Gemäuer der katholischen Universitätskirche St. Petri thront auf dem Steilufer der Elbe im Norden der Altstadt. Hinter dem wehrhaften, romanischen Westturm verbirgt sich eine große, gotische Hallenkirche, die mit dem Wiederaufbau nach dem Zweiten Weltkrieg eine moderne liturgische Ausstattung von dem Bildhauer Heinrich Apel erhielt. Sehenswert sind auch die hohen farbigen Kirchenfenster (1970/72) von Charles Crodel (Empfehlung: Fernglas mitbringen!). An der nördlichen Stirnseite des Seitenschiffs hängt als Kuriosum „das schiefe Bild von Magdeburg". Der Dortmunder Künstler Willi Otremba reflektierte mit Form und Farbe seiner Arbeit den schiefen Grundriss des Kirchenraums sowie dessen karge Ausstattung.

Es sind aber nicht in erster Linie die Kunstwerke, welche die Magdeburger zahlreich in das Gotteshaus locken, sondern die Prämonstratenser-Chorherren. Seit vielen Jahren betreut eine rührige Abordnung des Klosters Duisburg-Hamborn die Kirchengemeinde St. Augustinus, zu der auch St. Andreas in Cracau und Heilig Kreuz in Biederitz gehören, sowie die katholische Studentengemeinde und die Pfadfinder vor Ort. Von den charismatischen und stadtbekannten Persönlichkeiten in ihren weißen Habits wird jeder neue Besucher auf dem Kirchhof freundlich begrüßt. Obwohl die korrekte Anrede „Chorherr" lautet, sind die Kirchenmänner ein schlichteres „Pater" gewöhnt. Tipp: Für jeden, der sich in der Kirche wohlfühlt, ist eine Messfeier mit Pater Andreas absolut empfehlenswert.

Von den charismatischen und stadtbekannten Persönlichkeiten in ihren weißen Habits wird jeder neue Besucher auf dem Kirchhof freundlich begrüßt.

St. Petri
Neustädter Straße 4
39104 Magdeburg

240.000 Mal Otto

Spätestens seit der preisgekrönten Ottokampagne des Stadtmarketings wissen wir, dass jeder der ca. 240.000 Magdeburger mit zweitem Vornamen Otto heißt. Dies gilt gleichermaßen für zugezogene Mitbürger aus dem arabischen Sprachraum. Denn ob von vorne oder von hinten gelesen, das Ergebnis bleibt gleich. Selbstverständlich sollten jeder Otto und jede Ottilie wissen, wo die sterblichen Überreste der berühmten Namensvetter aufbewahrt werden. Kaiser Otto der Große liegt in einem unscheinbaren Marmorsarkophag im Domchor und der Vakuum-Entdecker Otto von Guericke in der Gruft unter der Johanniskirche.

Kaiser Ottos letzte Ruhestädte im Domchor

Magdeburg von oben

Einen kostenlosen Blick in luftiger Höhe runter auf das urbane Gewusel bietet der Südturm der Johanniskirche. Es sollte jeder nicht gehbehinderte Magdeburger bei schönem Wetter unbedingt mal die zahlreichen abgetretenen, uralten Treppenstufen hochgestiefelt sein. Die Anstrengung wird ordentlich belohnt, denn das grandiose 360-Grad-Panorama auf die Elbe und auf die Dächer der Elbmetropole wird nur marginal durch den benachbarten Nordturm gestört. Auch lässt sich ein seltener Blick in den versteckten Innenhof des Rathauses erhaschen, der ohne besonderen Anlass für Otto Normalbürger unzugänglich ist.

Johanniskirche
Johannisbergstraße 1
39104 Magdeburg

Das ostdeutsche Ampelmännchen regelt den Verkehr im Turm ▪

46 Heinrich Apel, wohin das Auge reicht

Teufelsbrunnen
Leiterstraße
39104 Magdeburg

Jedem, der sich innerhalb der Stadt frei bewegt, wird über kurz oder lang eine Arbeit von Heinrich Apel ins Auge fallen oder in die Hände geraten, denn der unermüdliche Bildner hat neben Denkmälern und Plastiken auch zahlreiche Türklinken mit witzigen Details versehen. Für St. Petri schuf er das komplette liturgische Inventar, bis hin zu den kleinen Engeln, die am Südportal im Sturzflug aus dem Himmel fallen. Den meisten Spaß haben Apel-Freunde jedoch am 1986 geschaffenen Faunen- oder Teufelsbrunnen, wo die verschmitzt aussehenden Nackedeis vieles tun, was man eigentlich nicht darf.

■ Der Nasenspeier am Teufelsbrunnen in der Leiterstraße

Magdeburger Liedgut

„Is denn de Elbe immer noch dieselbe? Fracht sich der Dom un wundert sich." Mit diesen Worten beginnt der Refrain des Magdeburger Lieds, das alle Zwerge in der Landeshauptstadt kennen und das neu Zugezogene spätestens mit der Kita-Reife ihrer Sprösslinge erlernen. **Der lokale Gassenhauer eignet sich als Dauerbrenner im Bühnenprogramm der Stadtteilfeste.** Er wird ebenso gerne bei Adventsfeiern in Seniorenheimen intoniert. Dass das Ende der Strophen grammatikalisch eigenwillig daherkommt, „denn wir sind, wir sind een Machdeburjer Kind", spielt absolut keine Rolle. Hauptsache, es reimt sich!

Hymne an die Heimatstadt, am Geländer der Hubbrücke ■

Machdeburjer Mundart

Der Machdeburjer Dialekt ist im Alltag außerhalb von Traditionspflegevereinen nicht so ausgeprägt wie beispielsweise die Berliner Schnauze. Deshalb kann ein sprachbegabter Neu-Magdeburger, der nicht auf seinen schwäbischen oder sächsischen Dialekt insistiert, den örtlichen Slang recht schnell adaptieren. **Vorausgesetzt, er beherrscht das Markenzeichen, das „klaore ao".** Anschließend nur noch jedes erste „g" im Wort durch ein „j" ersetzen und die Tarnung ist perfekt. Hier ein paar Sätze für den täglichen Sprachgebrauch: „Nee, jeht jaor nich!" – „Ich jeh in'n Jarten." – „Mach hinne, komm in Jange!"

Otto empfängt die Welt und sagt hallo

Ein Eis vom Sülzehafen

Der Magdeburger pflegt einige liebgewonnene Rituale. Dazu gehört ein regelmäßiger Gang zum Sülzehafen, um zu prüfen, ob die Elbe heute schneller fließt als gestern, die Buckauer Fähre zu beobachten, während sie zum Rotehornpark übersetzt, am Elbufer ein Stück Richtung Salbker Seen zu schlendern, beim Mückenwirt anschließend ein Bier zu trinken oder sich bei Bortschellers in die Schlange zu stellen, um ein Eis zu schlemmen. **In dem unscheinbaren Ladenlokal Ecke Schönebecker Straße gibt es nämlich seit Urzeiten das beste Eis der Stadt.** Und wenn man mag, noch in der traditionellen Waffelmuschel.

Eiskonditorei Bortscheller

Schönebecker Straße 103
39104 Magdeburg
Tel.: 0391 4044546

Bortscheller: Buckauer Urgestein

Alle Geschütze in Stellung

Kanone an der alten Stadtmauer

Am Fußweg Schleinufer (unterhalb der Lukasklause)

Am Schleinufer lugt eine Kanone durch die Öffnung in der Geschützmauer. Sie erinnert an den Dreißigjährigen Krieg, als General Tilly und seine Mannen das stolze und reiche protestantische Magdeburg gnadenlos verwüsteten. Mit dem Westfälischen Frieden fiel die Stadt an Brandenburg-Preußen. Daraufhin huldigten die Vertreter Magdeburgs dem neuen brandenburgischen Landesherrn Kurfürst Friedrich Wilhelm mit einem symbolträchtigen Geschenk, einer Kanone. Jedoch ist das wuchtige Geschütz ein reiner Fake und taugt nicht zum Schießen. Das Original von 1669, das sog. Magdeburger Rohr, steht im Deutschen Historischen Museum in Berlin.

Nur zur Repräsentation: eine Kanone ohne Donner

110

Ein Feierabendbier gleich um die Ecke

„Was macht man, wenn die Stammkneipe endgültig schließt?", titelte vor einigen Jahren die Lokalpresse und berichtete über die erste genossenschaftlich organisierte Schankstube. Seither führen die Gäste ihr Zweitwohnzimmer im Stadtfelder Kiez selbst, als letzte Eckkneipe für alle Freunde des Nikotins und des gepflegten Trinkens. Mit regelmäßigem Kneipenquiz, Record Hop und Open-Mic-Nights wird eine kleine Bühne für Lesungen, Performance und Liveacts geboten. Der „Nach-Denker" erinnert an den legendären Vorgänger „Denker-Bürgerbräu", wo man zur Begrüßung ohne Worte mit der Faust auf alle Kneipentische klopfte.

Kunstkneipe Nach-Denker
Olvenstedter Straße 43
39108 Magdeburg
Tel.: 0391 50558406
www.kneipe-nach denker.de/

Früher war mehr Rauch

Schuss und Tor

MDCC-Arena

Heinz-Krügel-Platz 1
39114 Magdeburg
Tel.: 0391 5934-221
https://1.fc-magde
burg.de/verein/
stadion

Obwohl der Magdeburger Fußball in einem großen Stadion spielen kann und von einer treuen Fangemeinde bejubelt wird, will der Aufstieg der 1. FCM aus der 3. in die 2. Bundesliga nicht so recht gelingen. Aller Stolz lokaler Fußballfans zehrt noch vom großen Triumph 1974, als der 1. FC Magdeburg als einzige DDR-Mannschaft den Europapokal der Pokalsieger gewann, und zwar mit einem 2:0 gegen den AC Mailand in Rotterdam. Doch das Stadion eignet sich noch für einem weiteren Zweck: Kurz vor Heiligabend stimmen 23.000 Magdeburger in der ausverkauften Sportarena Weihnachtslieder an, unter die sich auch der ein oder andere Fangesang mischt.

Trainerlegende Heinz Krügel vor dem Stadion des 1. FC Magdeburg

Die Elektrische

Der örtliche ÖPNV begann 1877 mit der ersten Pferdebahn zwischen Sudenburg und dem Krökentor. 1900 wurden die letzten Pferde versteigert. Somit war die Bimmel komplett elektrifiziert. **Verbringen Sie doch mal einen Tag in der Straßenbahn und lernen Sie die Stadt in einer neuen Dimension auf einer Strecke von über 100 Kilometern kennen.** Der Linie 4 ist sogar ein Buchkapitel gewidmet („Mit der Linie 4 um die Welt", Annett Gröschner). Im Sudenburger Depot stehen historische Triebwagen und Waggons und ein hundertjähriges Wartehäuschen wartet an der Wendeschleife der Linie 6 im Herrenkrugpark auf Sie.

Museumsdepot Sudenburg
Halberstädter Straße 133
39112 Magdeburg
www.ignah.net

Straßenbahnwartehäuschen im Herrenkrugpark, angeblich das älteste in Deutschland

Magdeburgs grüner Daumen

**Herrenkrugpark,
Elbauenpark,
Klosterbergegarten,
Stadtpark Rotehorn**

www.gartentraeume-
sachsen-anhalt.de

Es jrünt so jrün! Die Quote der öffentlichen Grünanlagen liegt im Vergleich zur gesamten Stadtfläche bei über zehn Prozent. **Magdeburg zählt mit 1.400 Hektar Stadtgrün zu den grünsten Städten in Deutschland.** In der Landeshauptstadt hat das öffentliche Grünzeug in Parks und an Straßenrändern eine lange Tradition und viele leidenschaftliche Fürsprecher. Damit dies so bleibt, werden seit einem viertel Jahrhundert unter dem Motto „Mein Baum für Magdeburg" zu runden Geburtstagen und Firmenjubiläen stadtweit junge Bäume gepflanzt. Stehen Baumfällungen an, rumort es in der Bürgerschaft.

■ Baumspenden mit und ohne Anlass

Stolle und Franzbrötchen

„Ostbrötchenbäcker" klebt unscheinbar an der Ladentür. Ob diese Auszeichnung eines Radiosenders tatsächlich ein Qualitätssiegel ist, mag jeder Kunde, jede Kundin für sich selbst entscheiden. Der Grund, warum sie häufig vor der Traditionsbäckerei Schlange stehen, ist ein anderer. Bäcker Ebel produziert ganz einfach verdammt guten Kuchen. Nach Umfragen im Stadtfelder Kiez sogar den leckersten der ganzen Stadt. Dies trifft unzweifelhaft auf den Weihnachtsstollen zu. Der ist so gut, dass er nach Dresden exportiert werden könnte. Und um am Wochenende ein Franzbrötchen zu bekommen, muss man früher aufstehen.

Bäckerei Ebel
Arndtstraße 48
39108 Magdeburg

Sooo lecker!

Auf dem Holzweg

Holzweg

Ecke Olvenstedter
Graseweg
39128 Magdeburg

Die Redensart „auf dem Holzweg sein" hat eine real existierende Komponente als Ortsangabe im Stadtteil Nordwest. Rechts und links vom Holzweg leben die Texaner, denn dieser Stadtteil heißt im Volksmund Texas. Wer denkt, gemeint sei eine amerikanische Enklave, steht gleich doppelt auf dem Holzweg, physisch und im übertragenen Sinn. In Magdeburgs Wildem Westen herrscht kleinstädtische Beschaulichkeit, die Richtung Neustädter Feld in einer Allee aus Zierkirschen kulminiert. Unter den Baumkronen regnet es im Frühjahr rosa Blütenblätter. Platz eins beim Nature-Kitsch-Award. Und trotzdem sooo schön.

In der rosafarbenen Allee treibt nur ein Baum einen Ast mit weißen Blüten aus

Historische Technik in der Panzergießerei

Manchmal erweckt es den Eindruck, die Magdeburger hätten ihre Stadtgeschichte schon mit der Muttermilch eingenommen. Viele Menschen sind unglaublich gut informiert. Dreht sich ein Vortrag etwa um die Industrielegenden Gruson, Polte und Wolf oder um den Flugpionier Hans Grade, nickt die ganze Korona wissend mit. **1862 schuf Rudolf Wolf eine fahrbare Lokomobile zum Antrieb für Dreschmaschinen.** Sie steht im Deutschen Museum in München. Fabriknummer 2 besitzt das Technikmuseum in Magdeburg. Weniger bekannt ist, dass der Magdeburger Fabrikant Heinrich Mundlos die Zickzack-stich-Nähmaschine erfand.

Technikmuseum
Dodendorfer
Straße 65
39112 Magdeburg

Wolf'sche Lokomobile Nr. 2 im Technikmuseum ▪

Stolpersteine

Stolpersteine für Magdeburg

www.magdeburg.de/
stolpersteine
www.stolper
steine.com

Während die Gehwege der Stadt in den 1990er Jahren noch eine Menge Stolperfallen boten und man jeder Wasserpfütze enormen Respekt zollte, denn ihre Tiefe war oft unergründlich, sind die Trottoirs heute fast überall vorbildlich geplättet. Auch die Stolpersteine bringen niemanden zu Fall. Im Gegenteil, sie verschwinden flach und fast unscheinbar im grauen Straßenpflaster. Seit 1996 verlegt Gunter Demnig im Rahmen eines Kunstprojekts in vielen Städten Stolpersteine. Sie erinnern an die Opfer des Nationalsozialismus, markieren ihren letzten Wohnort und nennen Name, Geburts-, Todesdatum und Sterbeort. In Magdeburg liegen bereits über 500 Stück.

In memoriam an die große jüdische Gemeinde

Schöner leben mit Kunst am Bau

In der DDR war geregelt, dass ein Teil der Bausumme für öffentliche Gebäude für Kunst am Bau auszugeben sei. Leben und Kunst sollten sich miteinander verzahnen. Die Vorschriften wurden konsequent umgesetzt und garantierten Künstlerinnen und Künstlern ein gutes Auskommen. Entstanden ist, oft mit einfachen Materialien, eine Vielfalt an architekturbezogener Kunst, an Kindergärten, Schulen, Schwimmhallen, Gaststätten, in Wohngebieten, Verwaltungsbauten und vieles mehr. Nach der Wiedervereinigung wurden die Kunstwerke wenig wertgeschätzt, abgerissen oder verschwanden hinter Fassadendämmung. Jetzt werden sie wiederentdeckt und erforscht.

Wandbild am Wohnhochhaus Jakobstraße
Jakobstraße 7
39104 Magdeburg

Ein Beispiel der komplexen Umweltgestaltung, 1973 von Annedore Policek

60 Im luftleeren Raum

Otto-von-Guericke-Museum

Schleinufer 1
39104 Magdeburg
Tel.: 0391-56390980
www.ovgg.ovgu.de/

Zu Ehren des jüngeren Magdeburger Ottos wird ein kleines Museum am Elbufer betrieben, das ganz unkompliziert als Otto-von-Guericke-Museum betitelt ist. In der urigen Lukasklause, einem mittelalterlichen Wehrturm, der 1902 zur Künstlerklause ausgebaut wurde, wird **das Wirken des Magdeburger Bürgermeisters, Festungsbaumeisters, Luftpumpen-Erfinders und berühmten Vakuum-Entdeckers** erzählt. Otto von Guericke ließ 16 Pferde an zwei kupfernen Halbkugeln ziehen, die lediglich durch die Kraft des Vakuums zusammengehalten wurden. Die Mini-Ausgabe der Magdeburger Halbkugeln gibt's als Souvenir in Schokolade.

▪ Malerischer Architektur-Mix am Otto-von-Guericke-Museum

Der Colbitzer Lindenwald

Elbländer sind überwiegend Auenlandschaften gewohnt. Nördlich von Magdeburg liegt aber ein Laubwald, der für diese Region recht groß und dazu noch berühmt ist. Es ist der größte geschlossene Lindenwald Mitteleuropas. Auch kommt Magdeburgs Trinkwasser aus der Colbitz-Letzlinger Heide und hat hervorragende Qualität. Der Weg in das Naturschutzgebiet führt an der Colbitzer Ampel nach links in die Lindenstraße und Richtung Rabensol, immer der Nase nach zum Wasserwerk, Rechtsschwenk und los geht's. Noch ein Stück dem Waldweg folgen, links abbiegen und die Linden sind nicht mehr zu übersehen. Lindenblüte im Juni/Juli!

Colbitzer Lindenwald

4 km nordwestlich von Colbitz

www.gemeinde-colbitz.de/pages/freizeit/lindenwald.php

Im Colbitzer Lindenwald wachsen überwiegend Winterlinden

Baumeister Stalin

„Stalinbauten"
Ernst-Reuter-Allee
39104 Magdeburg

Direkt nach dem Zweiten Weltkrieg genoss Magdeburg den Status einer Wiederaufbaustadt ersten Ranges in der frisch gebackenen DDR. Der junge Staat gönnte sich sowohl in Berlin als auch in Magdeburg an zentraler Stelle eine repräsentative, neoklassizistische Architektursprache im Sinne des großen Bruderstaates Russland. **Obwohl eher untypisch für Brüderschaft und sozialistisches Arbeitermilieu, verbergen sich hinter den Hauseingangstüren nahezu feudale Treppenhäuser.** Und wer den Luxus einer Dachgeschosswohnung genießt, sitzt wie im Adlerhorst und sieht eher als die Feuerwehr, wenn es in Magdeburg brennt.

■ Stalinistischer „Zuckerbäckerstil" an der Ernst-Reuter-Allee

An der Riviera Magdeburgensis

Wenn die brennend heiße Luft über dem Asphalt flimmert, fährt der Magdeburger in den Harz oder an die Ostsee. Wer den Sommer über zu Hause bleiben muss, hat es an der Elbe auch recht schön, denn der Fluss ist eine breite Frischluftschneise, die etwas kühlere Temperaturen in die City weht. **Außerdem wird Jahr für Jahr tonnenweise weißer Sand an den urbanen Elbestrand gekippt und mit langen Reihen Liegestühlen dekoriert.** So können Daheimgebliebene mit den nackten Füßen im Sand spielen, den Möwen lauschen und müssen fast nichts entbehren, außer vielleicht Seeigel und Quallenbisse.

Strandbar Magdeburg
Am Petriförder
www.strandbar-magdeburg.de

Summer in the city – Strandbar am Elbufer

64 Die Mitte? Ach so, die Mitte …

Domplatz

Shoppingmall
entlang der
Ernst-Reuter-Allee

Hasselbachplatz
39104 Magdeburg

„Wo ist denn eigentlich die Mitte?", werden Einheimische immer wieder mal gefragt, wenn Touristen nach dem Weg ins Stadtzentrum suchen. Als Antwort müssen die Gefragten mehr bieten als einen ausgestreckten Zeigefinger. Denn Magdeburgs Innenstadt hat seit der Zerstörung im Zweiten Weltkrieg keine kompakte Altstadtstruktur mehr, wie man sie aus anderen Städten kennt. Stattdessen bietet die City mindestens drei innerstädtische Zentren, das kulturell-touristische um Domplatz und Möllenvogteigarten, die Shoppingmall zwischen Bahnhof und Elbe und die illustre Kneipenszene um den Hasselbachplatz.

Mitten in der Stadt: der Hasselbachplatz

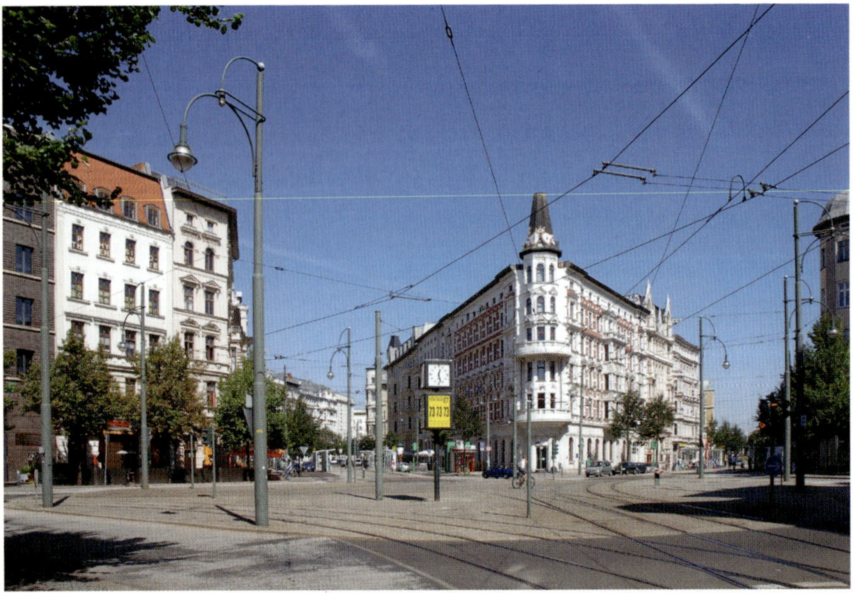

Westerhüsen – auf zu neuen Ufern!

Eine Fahrt mit der leisen Gierseilfähre im südlichen Westerhüsen ist schon ein Erlebnis für Großstadtmenschen. Wanderlustige, Radelfahrer und berittene Passagiere können sich in die Elbaue und zur Kreuzhorst übersetzen lassen. Den Fährbetrieb gibt es bereits seit dem 16. Jahrhundert. **An dieser Stelle ließ sich schon General Tilly mit seinen Truppen übersetzen, bevor er Magdeburg zerstörte.** Auch soll es gelegentlich spuken, wenn des Wiesenwärters Marie um Mitternacht mit leisem „Holla hoh" nach ihrem toten Geliebten ruft. Was für ein Abenteuer für nur einen ganz banalen Straßenbahnfahrschein.

Fähre Westerhüsen
Kieler Straße
39122 Magdeburg
Mittwoch bis Sonntag Fährbetrieb

Fährbetrieb zwischen Westerhüsen und Kreuzhorst ▪

Ein Sonntagsausflug nach Hundisburg

Schloss Hundisburg
39343 Hundisburg
www.schlossrestau
rant-hundisburg.de

Manchmal wünscht sich der Städter eine Landpartie. In diesem Fall sollte Schloss Hundisburg das Ziel sein. Der Garten bietet alles, was man von einer ordentlichen Barockanlage erwarten kann: Wasserbecken, Treppen, eine Grotte, eine vergoldete Gartenpforte, gepflanzte Ornamente aus knöchelhohen Buchsbaumhecken (Broderiebeete), Heckengänge, Eiben in Kugel- und Pyramidenform und sogar ein Labyrinth. Nebenan öffnet sich ein riesiger Landschaftspark mit Teichen und Obstgärten, der bis zum Kloster Althaldensleben reicht. Selbstverständlich sind das Barockschloss wie der Burghof auch recht hübsch und die Gastronomie ist vorzüglich.

■ Schloss Hundisburg: nördlich von Magdeburg

Halle – nein, danke!

Was dem Kölner der Düsseldorfer, ist dem Magdeburger der Hallenser. Diese Antipathie wird mit dem Gerangel um den Sitz der Landesregierung kurz nach der Wende begründet. **Spätestens seit dem Raub der Königin Editha in einer Nacht-und-Nebel-Aktion aus dem Magdeburger Dom ist der Ofen ganz aus.** Dabei handelte es sich bei Licht betrachtet um die Bergung der Gebeine der ottonischen Königin und deren Transport nach Halle zu näheren forensischen und archäologischen Untersuchungen. Natürlich betrifft es nur den Hallenser an sich. Jeder einzelne Saalestädter kann ein echt netter Kerl sein und sogar der beste Freund.

Hallische Straße
39104 Magdeburg

An der Laterne vor der alten Kaserne ▪

Mittagsbrot in der Kombinatskantine

RouladenRössl

Breiter Weg 226 (am Hasselbachplatz)
39104 Magdeburg
Tel.: 0391 5908992
www.rouladen roessl.de

Mit einer Live-Webcam auf die Anzeige der aktuellen Mittags-versorgung lockt die Homepage des „RouladenRössls" in der Altstadt. In der Gastronomie mit Blumentapete, Urkunde „Held der Arbeit" an der Wand, Mitropa-Geschirr und einem Porträt des Staatsratsvorsitzenden auf dem Gang zum Örtchen finden sich Handwerker und Bürohengste ebenso ein wie der Staats-sekretär nach einer Landtagssitzung. Dem Charme der beiden Damen – „Was darf es sein, junger Mann?" –, der selbst Gäste am Gehstock wie selbstverständlich trifft, kann niemand entge-hen. Und das Essen schmeckt wie bei Muttern. Ostalgie vom Feinsten!

■ Insidertipp in der Altstadt

Little Ascott

Auf der großen Wiese rechts vom „Herrenkrug Parkhotel" galoppieren Vollblüter schon seit 1838 um die Wette. Magdeburgs Rennverein wurde 1906 gegründet und wenig später die malerische Stallanlage gebaut. An Renntagen herrscht Volksfeststimmung. **Ab und an flüchtet ein Rennpferd und dreht auf dem weitläufigen Gelände eine Ehrenrunde.** Um auf der großen Tribüne mitzufiebern, reicht schon ein kleines Budget. Buchmacher nehmen Wetten ab 50 Cent oder einem Euro an, natürlich geht auch deutlich mehr. Ein Muss für Zocker! Tipp für das VIP-Zelt: Die Dame bitte mit Hut. Je extravaganter, umso willkommener!

Pferderennbahn Herrenkrugwiesen

An den Rennwiesen
39114 Magdeburg
www.galopprenn
bahn-magdeburg.de

Renntag: Hier wird jeder vom Wettfieber gepackt

Das Kirchlein in Beyendorf

Kirche Beyendorf
Beyendorfer Dorf-
straße
39122 Magdeburg

Während der Dom kaum zu übersehen ist, versteckt sich das kleine Gotteshaus St. Petrus und Paulus im hintersten Winkel von Beyendorf. Seit der Restaurierung trägt die geduckte Bruchsteinkirche aus dem 12. Jahrhundert ein mediterranes Outfit aus terrakottafarbenem Putz. **Im Inneren ist ein komplettes barockes Mobiliar aus Schnitzaltar, Kanzel, Kirchenbänken und Emporen erhalten.** Auf die Brüstungen der Emporen sind Wappen Magdeburger Domherren gemalt. Der Schlüssel lässt sich über den Pfarrer organisieren. Nur keine Scheu, er freut sich auf jeden Besucher. Und das Kirchlein ist wunderbar!

■ Seltenes Kleinod am Stadtrand: St. Petrus und Paulus

Pedalritter am Fluss

Wenn die Hochsaison der Aktivsportler beginnt, sind die Velo-Teams im Stadtbild nicht mehr zu übersehen. Denn sie wählen als bequemes Reiseoutfit gerne den sportlichen Partnerlook. Der Elberadweg zwischen Tschechien und der Nordsee führt mitten durch Magdeburg. Bereits 15 Mal ist er vom ADFC zum beliebtesten Radweg Deutschlands gekürt worden. Für Magdeburger bieten sich Tagestouren an, zum Beispiel in Richtung Schönebeck bis zur „WELTRAD manufactur". Das traditionsreiche Unternehmen schneidert Drahtesel im Retro-Look direkt auf den Leib des Pedalritters. Absolut empfehlenswert: das „WELTRAD"-Restaurant!

Elberadweg
www.elberadweg.de
www.weltrad.de

Kurze Pause, dann geht's weiter

Martin-Gallus-Kirche

Martin-Gallus-Kirche

Mansfelder Straße 28
39122 Magdeburg

Die winzige barocke Fachwerkkirche ist die einzige ihrer Art in Magdeburg und gar nicht so leicht zu finden. Sie liegt im Ortsteil Fermersleben am holperigen Ende der Mansfelder Straße. Ihr Namensgeber Martin Gallus war der erste protestantische Prediger im Ort und Rektor an der Schule im Kloster Berge. Über dem Nordportal nennt eine Inschrift das Baujahr 1657, der Turm stammt hingegen schon aus der Romanik. Das Kirchlein in Elbnähe gehört zu einer evangelischen Gemeinde, in welcher der Pfarrer vor wenigen Jahren noch uralte Traditionen pflegte. Hin und wieder taufte er seine Schäfchen im Fluss.

Zur Sanierung komplett abgetragen und wieder aufgebaut

M(ünchner)agdeburger Oktoberfest

Wenn die Magd das grün-rote Mieder abstreift und ihren Balkon mit Rüschen dekoriert, wenn Otto den Purpurmantel gegen die Lederhose tauscht, dann ist Oktoberfest-Zeit. Zwischen Maßkrügen, Weißwurschtzipfeln, Leberkäs und Brez'n reibt sich der Bayer die Augen, angesichts von so viel preußischem Identitätsverlust. Das Oktoberfest-Spektakel ist ein wichtiger Termin im Kalender der Magdeburger VIPs aus Politik und Wirtschaft. Es wird alljährlich vom Mückenwirt organisiert, der den Rest des Jahres einen viel besuchten Biergarten neben der Fähre am Sülzehafen in Buckau betreibt. „Luja, sog' i!"

Oktoberfest Magdeburg

Messeplatz auf dem Werder
39114 Magdeburg
http://mückenwiesn.de

„O'zapft is" auf der Mückenwiesn ◼

133

Wann kommt Siegfried?

Lindwurm-Brücke
39128 Magdeburg

Zwischen Kannenstieg und Neustädter See stiert ein knallgrünes Blechmonster auf die Tangente und den Stadteingang. Dass ihm eine grüne Lärmschutzwand direkt vor die Nase gebaut wurde, irritiert den Lindwurm nicht. Natürlich gibt es eine Sage über das feuerspeiende Ungetüm, ganz klassisch mit Ritter, Raubritterburg, gefangenem Burgfräulein und so. Im Sommer schlängelt sich Badevolk durch seine stelzigen Beine, denn die Fußgängerbrücke liegt in direkter Einflugschneise zum Neustädter See und der Wasserski-Anlage „cable island". **Trotz grimmiger Miene ist der Drache harmlos.** Hinter den scharfen Zähnen hat ein Vogel sein Nest gebaut.

■ Der Wächter über den Stadteingang

Der Chor der Wallonerkirche

Von außen wirkt die gotische Hallenkirche wuchtig, aber unspektakulär und das achteckige Türmchen im Gebäudezwickel hübsch, doch unproportioniert. Um den Eingang ins Innere zu finden, müssen Besucher erst das Atrium aus den 1970er-Jahren durchschreiten. Die Raumwirkung überrascht, zumal sich die Gläubigen einen Gemeindesaal mitten ins Kirchenschiff gebaut haben. Wer jetzt nach Hause geht und meint, das war's, der irrt und sollte noch einen Blick in den lichtdurchfluteten Chor werfen. Ist die Tür zum Chor versperrt, bitte beim Hausmeister klingeln. Es warten ein spätgotischer Flügelaltar und ein bronzenes Taufbecken von 1430.

Wallonerkirche
Neustädter Straße 6
39104 Magdeburg

Gotische Hallenkirche mit winzigem Turm

135

Die Trauernde Magdeburg

Johanniskirche

Johannisberg-
straße 1
39104 Magdeburg

Zweimal ist Magdeburg bis auf die Grundmauern zerstört worden. Den Verlust der historischen Altstadt 1945 bedauern manche bis heute. Magdeburgs erste Zerstörung im Dreißig-jährigen Krieg galt lange als einmalig in der Geschichte und „magdeburgisieren" als Synonym für Vernichtung und schran-kenlose Gewalt. Um die vielen Menschen, die damals ums Leben kamen, trauert die „Trauernde Magdeburg" in der Johanniskirche (siehe Nr. 45). Der Zweitguss aus dem Worm-ser Reformationsdenkmal überstand den Zweiten Weltkrieg unversehrt in der zerstörten Kirche. Tipp: Unbedingt auch die Glasfenster von Max Uhlig bestaunen!

■ Trauerzeit 400 Jahre

Die Kaiserrampe

Hinter dem Dom führt eine Brücke über das Schleinufer direkt zur Elbe und mit einem zusätzlichen Aussichtspunkt in Form eines Sprungbretts bis über die Wasserkante an den Fluss heran. **Dieser Ort sowie die benachbarten Elbtreppen sind äußerst beliebt und immer gut besucht.** Lehnen Sie die Hüfte an die Reeling, heben Sie die Arme ausgestreckt bis in Schulterhöhe, lassen Sie den Wind in den Haaren zausen, schließen Sie die Augen und warten Sie, bis Leonardo DiCaprio vorbeikommt und Sie wachküsst. Titanic-feeling garantiert. Hinweis: Es funktioniert nur, wenn der Wasserpegel hoch genug und der Domfelsen nicht zu sehen ist.

Am Schleinufer
39104 Magdeburg

Meditationsort Elbufer ◼

Hey, hey, hey, ich bin der goldene Reiter

Magdeburger Reiter
Alter Markt
39104 Magdeburg

Hell glänzt er über den Alten Markt, der goldene Otto mit seinen beiden Begleiterinnen. Doch vor dem Rathaus steht in tabernakelähnlichem Gehäuse nur eine Kopie des berühmten Magdeburger Reiters. Das wesentlich schlichtere Original der kaiserlichen Hoheit aus Sandstein wird im Kaiser-Otto-Saal im Kulturhistorischen Museum gehütet. Es entstand um 1240 und gilt als ältestes frei stehendes Reiterstandbild nördlich der Alpen. Heute nutzt ihn die Landeshauptstadt als Logo und im Museumsshop wird eine Spielzeugkopie des kaiserlichen Reiters feilgeboten.

Der berittene Kaiser zwischen Marktständen

138

Ein Quickie auf der Insel

Den genialen Blick vom Landesfunkhaus auf die Altstadt teilt der MDR durch eine Webcam auf dem Dach. Unter dem Dach wird eifrig für Radio und TV produziert, darunter die Quizsendung „Quickie", ein „Wer-wird-Millionär"-Programm im Lokalformat. Damit die Mundwinkel der Publikumsgäste nicht zu sehr nach unten hängen, sorgt ein Animateur vor der Aufzeichnung für ordentlich Stimmung und gibt im richtigen Moment den Hinweis zum Applaus. In der Pause zieht sich die Moderatorin um, tauschen die Zuschauer ihre Plätze und der Kandidat das Hemd. Und schon wird die Sendung für die übernächste Woche gedreht.

MDR-Landesfunk-haus S.-A.
Stadtparkstraße 8
39114 Magdeburg
www.mdr.de/quickie

MDR-Landesfunkhaus mit Glasfront zur Elbe und zur Altstadt ▪

In der Vorweihnachtsglitzerwelt

Magdeburger Lichterwelt

Alter Markt, Breiter Weg, Domplatz und mehr
www.lichterwelt-magdeburg.de

Otto von Guericke und sein berühmter Halbkugelversuch werden vom Stadtmarketing vielfältig kreativ vermarktet. So auch bei der „Magdeburger Lichterwelt" im Advent, wenn die Rosse hell leuchtend und goldig über den Domplatz preschen. Bevor in der Elbestadt der Weihnachtsmarkt eröffnet, werden 100 Kilometer Lichterketten gespannt, gigantische Funkel-Glitzer-Skulpturen vom Stadtwappen bis zur Krippe aufgestellt und mindestens eine Million LED-Lichtpunkte entzündet. Man mag seinen Augen kaum trauen und kämpft innerlich, ob es wirklich schön ist oder doch nur Kitsch? Egal, vor Weihnachten ist alles erlaubt.

Geblendet vom LED-Lichterglanz

Ruinenromantik

Anders als in Hamburg, Köln oder München, wo jeder Quadratmeter für viel Geld vermietet werden kann, schlummert in Magdeburg noch die ein oder andere Brache oder Ruine, die das kollektive Herz der Lost-Places-Community und der Geocacher schneller schlagen lässt. Beim Ranking der Unorte belegt der Kristallpalast an der Leipziger Straße einen der vordersten Plätze und harrt der Dinge, die da noch kommen mögen. In dem legendären Tanzetablissement hat der Dachstuhl bereits aufgegeben und sich fallen lassen. Trotzdem kämpft ein Häuflein Unerschrockener wie Don Quijote und Sancho Panza um den Erhalt und die Reanimation der traurigen Immobilie.

Kristallpalast
Leipziger
Straße 11/12
39112 Magdeburg
www.kristallpalast
magdeburg.de

Kristallpalast: Totgesagte leben länger

Parken im Viehmarkt

**Schlachthof
Magdeburg**

Liebknechtstraße,
Zum Handelshof
usw.
39108 Magdeburg

Mit Erlass des preußischen Schlachthofgesetztes erbaute die Stadt Magdeburg ein großes Schlachthofareal. Es sollte die hygienischen Verhältnisse und die Gesundheit der Bevölkerung verbessern. In den 1920er-Jahren ergänzte Johannes Göderitz die Anlage mit anspruchsvoller Industriearchitektur aus gelben Ziegelfassaden und Eisenbeton im Stil des Neuen Bauens. Die Schweinemarkthalle nutzt heute ein großer Lebensmittelmarkt, der frühere Rindermarkt ist Parkhaus. An den Schweineställen fallen besonders die zweifarbigen, weiß-roten Dachschindeln ins Auge. Sie sind nach alten Fotos rekonstruiert.

Im Parkhaus Medaillons mit Viehmarktszenen

Neustadtluft ist Kaffeeduft

Neustadt als Orts- oder Stadtteilnamen gibt es insgesamt über 600 Mal in Deutschland. Meistens handelt es sich hierbei um eine ehemalige Vorstadt, so auch in Magdeburg. Das vermutlich einmalige Charakteristikum der hiesigen Neustadt ist ihr temporär über dem Stadtteil schwebender Duft nach frisch geröstetem Kaffee, der aus der modernen Hightech-Röstanlage strömt. „Röstfein muss der Kaffee sein!", lautet der Werbeslogan der gleichnamigen Kaffeefabrik. Begonnen hat das Traditionsunternehmen schon 1908, mit der Herstellung von Kathreiners Malzkaffee nach einem Rezept von Kneipp.

Röstfein Kaffee GmbH
Hafenstraße 9
39106 Magdeburg
www.roestfein.de

Kaffeefabrik mit Fassaden im Art déco ■

84 Der gestrandete Elbdampfer

**Elbeseitenrad-
schleppdampfer
„Württemberg"**

Elbufer, Höhe
Sternbrücke
39114 Magdeburg
www.sd-wuerttem
berg.de

Am Elbufer neben der Sternbrücke hat die „Württemberg" ihren Anker in die Elbwiesen geworfen. Der reguläre Name des Flussveteranen hat die Qualität eines Zungenbrechers: Elbeseitenradschleppdampfer. Bis 1974 tuckerte der Hundertjährige von Hamburg bis Tschechien und transportierte Steinsalz, Eisen, Baumaterial und Getreide. Seit der Kettenschleppdampfer „Gustav Zeuner" und weitere Schiffe im alten Handelshafen mühevoll restauriert worden sind, besitzt die Stadt noch einen zweiten musealen Schlepper bzw. eine kleine Flotte aus der Geschichte der Dampf- und Flussschifffahrt auf der Elbe.

Die „Württemberg" auf den Elbwiesen

Lokomotiven im Stadtfeld

Stadtfeld ist als Wohnort äußerst beliebt. Viele Pärchen haben in dem Stadtteil ihre ersten vier Wände gemietet und pflegen gute Erinnerungen an diese Zeit. Charakteristisch für die gründerzeitlichen Mietshäuser ist ein munteres Auf und Ab der Dachzonen. Dies erklärt sich durch den Bebauungsplan Ende des 19. Jahrhunderts, der an vielen Straßen die Geschosshöhe auf drei Stockwerke begrenzte. Zudem war erlaubt, 70 Quadratmeter im Dachgeschoss oder im Keller als Wohnraum zu nutzen. Das Ergebnis missfiel dem damaligen Stadtbaurat Otto Peters sehr. Er prägte den Begriff der lokomotivenmäßigen Bauweise.

Stadtfeld
39110 Magdeburg
www.stadtfeld-magdeburg.de

Arndtstraße im Stadtfeld ■

Immermann-Denkmal

Immermann-Brunnen

Danzstraße
39104 Magdeburg

Am 8. November 1806 kapitulierte General und Festungsgouverneur Franz Kasimir von Kleist vor Napoleons Truppen und übergab die Festung Magdeburg kampflos und nach nur kurzer Belagerung an die Franzosen. Das kaiser- und königstreue Magdeburg beklagte noch das ganze Jahrhundert dieses wenig heldenhafte Ereignis der Stadtgeschichte. Und wäre er nicht bereits verstorben gewesen, so hätte man den posthum am 19. September 1808 zum Tod verurteilten von Kleist erschossen. Ein Brunnen (1899 von Carl Echtermeier) erinnert an den Schriftsteller Karl Leberecht Immermann. Er hat als Zehnjähriger das Geschehen miterlebt und später aufgeschrieben.

Immermanns Memorabilien beschreiben die napoleonische Zeit in Magdeburg

Manege frei!

Manche Menschen mögen Bierdeckel, andere Autos. Aus einer privaten Sammlung von Spielzeug und Zirkusdevotionalien ist ein kleines Museum hervorgegangen, das seine Ausstellungsräume bis auf den letzten Winkel füllt. **Ausgestellt sind u. a. der letzte Bühnenmantel der Varietélegende Josephine Baker und eine Reliquie aus der Balancierstange von Karl Wallenda.** Der in Groß Otterleben geborene Artist verunglückte 1978 in Puerto Rico. Sein Urenkel hat den Grand Canyon auf einem Seil überquert. Im Nebenraum findet eine Clownversammlung statt. Ein Himmelreich für einen Staubwedel!

1. Magdeburger Circusmuseum
Brauereistraße 2–4
39104 Magdeburg
www.circusmuseum-magdeburg.de
Eintritt frei

Das Museum ist im „Abtshof" untergebracht ◼

Mittelalterliche Schmierfinken

Dom zu Magdeburg
Am Dom 1
39104 Magdeburg
Tel.: 0391 5410436
www.magdeburger
dom.de

Wenn Hundchen jede Gebäudekante als Revier markiert, ist das okay. Wenn Herrchen das Gleiche mit der Spraydose tut und selbst von den Dachetagen am Hasselbachplatz nicht seine Finger lassen kann, wird das nicht gern gesehen. Dennoch muss es irgendwo in der Evolution des Menschen einen Moment gegeben haben, der dieses ureigenste Bedürfnis, überall ein „Otto war hier" zu hinterlassen, rechtfertigt. Auf den Wänden entlang der 433 Stufen zur nördlichen Turmspitze des Magdeburger Doms haben sich viele Besucher verewigt. Einige der Kritzeleien sind schon 600 Jahre alt und daher eine Attraktion. Tickets für Turmführungen gibt's am Kartentisch im Dom.

Nur der Nordturm trägt eine Kreuzblume

Eine Keksdose als Gotteshaus

Die über achteckigem Grundriss erbaute Kirche St. Mechthild nennt der Volksmund „Keksdose". Sie entstand 1982 bis 1984 im Rahmen des kirchlichen Sonderbauprogramms der DDR im Schnittpunkt dreier Neubaugebiete. Bezahlt wurde der Bau durch das katholische Bonifatiuswerk in Paderborn. Der DDR brachten die vom Westen finanzierten Sakralbauten dringend benötigte Devisen. Im Inneren schuf der Schönebecker Künstler Christof Grüger mit farbigen Glasfliesen und Beton eine durchleuchtete, von warmem Licht durflutete Altarwand mit den Titeln „Himmliches Jerusalem" und „Brennender Dornbusch". Kategorie: sehenswert.

St. Mechthild
Milchweg 29
39128 Magdeburg

Glaspoesie im Sakralraum

149

Blaue Sterne im Nordpark

Nordpark
Alte Neustadt,
Hohenstaufenring
39104 Magdeburg

Der Nordpark ist der inoffizielle Vorgarten der Otto-von-Guericke-Universität. An jedem schönen Tag im Jahr werden von den Studenten Grills herangerollt und Jonglierbälle ausgepackt und wird auf den vielen Bänken und Rasenflächen unter freiem Himmel gebüffelt. Angelegt wurde der Park schon 1827 als kommunaler Friedhof vor der Festung. Sobald sich nach dem Winter die ersten warmen Sonnenstrahlen in die Frühlingsluft mischen, zeigt sich die eigentliche Attraktion des Parks. Noch ehe das erste grüne Blatt an den Bäumen ausgeschlagen hat, verwandeln sich die Wiesen in ein Meer aus Blausternchen.

Vorfrühling: Blütenteppich im Nordpark

Pömmelte, was ist das denn?

Schon der Name klingt speziell, der Ort ist es auch. Etwa 20 Kilometer südlich von Magdeburg, im Nirgendwo zwischen Schönebeck und Barby an der Elbe, liegt das Ringheiligtum Pömmelte. Von Weitem betrachtet sieht es aus, als hätte Goliath aus Langeweile seine Zahnstocher in die Landschaft gesteckt. Aus der Nähe besehen ist es eine 4.000 Jahre alte, gigantische Kultstätte, die Archäologen mithilfe von Luftbildern entdeckt, ausgegraben und anschaulich rekonstruiert haben. Pömmelte war 2.000 Jahre lang ein Platz für Rituale und Opferhandlungen. Seine einstige Bedeutung wird mit dem englischen Stonehenge verglichen.

Ringheiligtum Pömmelte

39218 Schönebeck (Elbe)
www.ringheiligtum-pömmelte.de

Zählt doch mal die Pfosten

100 Prozent popcornfreies Studiokino

Studiokino

Moritzplatz 1
39124 Magdeburg
Tel.: 0391 2564925
www.studiokino.com

Bei cineastischem Burn-out oder einer Allergie gegen XXL-Puff-mais hilft ein Besuch im Studiokino. Das Lichtspieltheater am Moritzplatz zeigt nur ausgewählte Filmkultur. Viele kennen das Programmkino seit ihrem ersten Märchenfilm auf Großleinwand. Zum altmodischen, aber liebenswerten Inventar gehört der Mensch an der Kinokasse. Er könnte Autor eines Film-Wikis sein und gibt pathetisch Auskunft über alle laufenden Spielfilme. Das Kino ist mit etwas Vorlaufzeit auch für geschlossene Veranstaltungen und den persönlichen Wunschfilm buchbar. Tipp: Im Winter den Mantel anbehalten oder am Eingang eine Decke ausleihen.

Studiokino: Der Lack ist ab, deshalb ist es ja gerade so urig

Milch oder Bier, was rat ich mir?

Auf dem Plateau hoch über der Elbe zwischen Bastion Cleve und Fürstenwallpark thront eine schmucke Holzbude mit Namen „Milchkuranstalt". Noch bis in die 1920er-Jahre galten Milch- und Molkekuren als probate Heilmethode und als wichtig für die Volksgesundheit. Ein öffentlicher Ausschank der in der Schweiz entwickelten Trinkkultur befand sich an dieser Stelle. Er ist heute ersetzt durch das denkmalgeschützte Gartenhäuschen des Schokoladenfabrikanten Hauswaldt von 1872, aus dem die Getränke für den kleinen Biergarten serviert werden. Brotzeit mitbringen oder Pizza zum Bier anliefern lassen, ist erwünscht.

Schweizer Milchkuranstalt Fürstenwall-Biergarten
Schleinufer 8
39104 Magdeburg

Biergarten mit Blick auf die Elbe

Chausseeäppel und anderes Fallobst

Da sich die Erinnerungen an eine Burg in nebulöser Vorzeit verlieren, könnte es ebenso gut Magdestadt heißen. Scherzkekse sprechen gerne vom Magdedorf und meinen damit, dass sich in manchen Kreisen immer dieselben Personen über den Weg laufen. Tatsächlich sind viele Stadtteile noch ländlich geprägt. So war Ottersleben vor der Eingemeindung 1952 das größte Dorf der DDR mit über 15.000 Einwohnern. An den Landstraßen zwischen Stadt und Umland stehen vielerorts Obstbäume Spalier. Hier hatte sicher Martin Luther seine Hand im Spiel: „Und wenn ich wüsste, dass morgen die Welt unterginge, so würde ich noch heute einen Apfelbaum pflanzen."

Obstbaumallee zwischen Sohlen und Westerhüsen

Tante-Emma-Laden auf Indisch

„Hallo, Madam. Lange nicht gesehen, Madam. Heute wieder Obstsalat, Madam?" So begrüßt Parveen Kumar jede Kundin mit Frohsinn und indischer Geschäftstüchtigkeit. Neben dem Wilhelmstädter Platz betreibt er ein Tante-Emma-Lebensmittelgeschäft als „Kumar's Minimarkt für große und kleine Leute" und pflegt das Gemüse- und Obstmonopol entlang der Olvenstedter Straße. **Vor allem die kandierten Früchte sind immer wieder einen Besuch wert.** Jeder im Stadtfeld kennt den stets gut gelaunten Inder, der schon mal mit unkonventionellen Werbeslogans seine Kunden lockt: Costa Rica Ananas extra süß wie ich. „Is okay, Madam?"

Kumar's Minimarkt
Olvenstedter Straße 17/Ecke Wilhelmstädter Platz
39108 Magdeburg

Bei Parveen Kumar, Stadtfelds fröhlichem Geschäftsmann

155

Sportlicher Freiheitskämpfer

Friesen-Denkmal
Hegelstraße
39104 Magdeburg

Als das Turnen noch unzüchtig war, weil die Bürger nicht so recht wussten, was sie von körperlicher Ertüchtigung halten sollten, freundete sich Karl Friedrich Friesen (geb. 1784) mit Turnvater Jahn an. 1811 war der Magdeburger einer der aktiven Vorturner auf Jahns erstem deutschen Turnplatz in Berlin. Im selben Jahr gründete Friesen eines der ersten Schwimmbäder Deutschlands und stellte als Schwimmlehrer zwei Hallenser Halloren ein. Sein Denkmal (1893 von Ernst Habs) ist dem patriotischen Freiheitskämpfer gewidmet und zeigt ihn deshalb in Uniform. Friesen fiel im Kampf gegen Napoleon 1814 in den Ardennen.

In Erinnerung an den Vordenker und Freiheitskämpfer

Urbaner Eyecatcher in Altrosa

Hell glänzen die goldenen Kugeln über den Dächern der Altstadt und sind als Teil der Stadtsilhouette nicht mehr wegzudenken. Zwar gab es vor dem Bau des Hundertwasserhauses einige Kritiker, die sich die kunterbunte Spaßarchitektur nicht am geschichtsträchtigen Domplatz vorstellen wollten, doch sie sind längst verstummt. **Die von Friedensreich Hundertwasser gewählte rosa Farbe erzeugt den größtmöglichen Farbkontrast zum benachbarten Bankgebäude.** Dessen blaue Fassaden werden bei schönem Wetter vom blauen Himmel geschluckt, während die Grüne Zitadelle weithin leuchtet und alle Touristen magisch anzieht.

Grüne Zitadelle
Breiter Weg 8–10
39104 Magdeburg
www.gruene-
zitadelle.de

Kunterbunter Tourismusmagnet mit schiefen Wänden und viel Grün

Kulturfestung für Magdeburg

FestungMark
Raum für Kultur
Hohepfortewall 1
39104 Magdeburg
Tel.: 0391 99093349
www.festung
mark.com

Die Festung Mark ist die VIP unter den erhaltenen Festungsbauten. Sie wurde 1863/64 als Defensivkaserne erbaut, das heißt, sie war in die Festungswerke integriert und hatte sowohl der Verteidigung als auch der Unterbringung von Soldaten zu dienen. Weil aber Kaserne nicht so nach Feierlaune klingt, trägt sie aus marketingstrategischen Gründen nun den Namen Kulturfestung. Das ganze Jahr über finden Kulturevents und Partys aller Art statt. Hier steppt der Bär! Architektonisches Highlight ist der große Saal, entstanden aus drei Etagen Mannschaftsstuben, denen die hölzernen Zwischendecken fehlen.

Faszinierende Durchblicke im großen Saal der Festung Mark

Wohnidylle hinter Sprossenfenstern

Günstiger Wohnraum hat in Magdeburg eine lange Tradition, sodass bis in die Gegenwart – untypisch für eine Großstadt – kaum Bedarf an sozialem Wohnungsbau besteht. Die erste Wohnungsbaugenossenschaft gründete sich 1893. Sie ist die älteste in Sachsen-Anhalt. Touristisches Highlight sind die Siedlungen der Zwanzigerjahre im Stil der Neuen Sachlichkeit, angeführt von der Hermann-Beims-Siedlung im Stadtfeld, erste Großsiedlung Deutschlands. Sie trägt den Namen des sozialdemokratischen Oberbürgermeisters, der Magdeburg als wichtiges Zentrum des Neuen Bauens der Moderne etablierte.

Hermann-Beims-Siedlung
Zwischen Große Diesdorfer und Hohendodeleber Straße
39110 Magdeburg

Hermann-Beims-Siedlung: jeder Balkon ein grünes Wohnzimmer ▪

Sabine Ullrich, Kunsthistorikerin und Autorin, lebt, arbeitet und forscht seit 25 Jahren in und über Magdeburg und kennt fast jeden Hinterhof und jeden Winkel der Stadt.

Die Tantiemen aus dem Verkauf des Titels fließen in soziale Projekte von Soroptimist International Club Magdeburg.

Der Verlag und die Autorin freuen sich über Ihre Hinweise:
info@mitteldeutscherverlag.de

Haftungsausschluss
Die Angaben in diesem Reiseführer wurden gewissenhaft überprüft. Für die Aktualität, Korrektheit und Vollständigkeit übernimmt die Autorin keine Haftung. Die Autorin distanziert sich aus rechtlichen Gründen von allen Inhalten der aufgeführten Internetseiten. Auf aktuelle und zukünftige Gestaltung, die Inhalte oder Urheberschaft der angeführten Internetseiten hat die Autorin keinen Einfluss.

Fotografien: Sabine Ullrich, außer S. 16, 60 (oben): Kulturhistorisches Museum Magdeburg, Charlen Christoph; S. 34 (oben): Lea Marie Köhler; S. 50 (unten): Verband der Gartenfreunde Magdeburg; S. 60 (unten): Museum für Naturkunde, Charlen Christoph; S. 66: Sanierungsverein Ravelin 2; S. 84 (oben): Hans-Wulf Kunze; S. 111: Nico Michalsky; S. 133: MückenWirt Gaststättenbetriebsgesellschaft mbH; S. 141: Werner Klapper; S. 151: Investitions- und Marketinggesellschaft Sachsen-Anhalt mbH; S. 158: FestungMark

2., aktualisierte Auflage 2021
© 2013 mdv Mitteldeutscher Verlag GmbH, Halle (Saale)
www.mitteldeutscherverlag.de

Gesamtherstellung: Mitteldeutscher Verlag, Halle (Saale)
Umschlagabbildungen: Sebastian Siebert – shutterstockcom (Titel), Kurt Fricke (Rücktitel)

ISBN 978-3-96311-392-5

Printed in the EU